情緒

Emotionale Gewalt

暴力

「情緒暴力」其實已存在你的生活當中！

「你不答應，我們就分手！」
—— 情緒勒索

「我需要你時，你永遠都不在！」
—— 煽動罪惡感

「你不是大學畢業嗎？
怎麼連這點事都做不好。」
—— 冷嘲熱諷

辨識人際關係中看不見的軟暴力，
讓自己的生活不再受人擺布。

目　錄

前言

情緒暴力：看不見的棍棒

媽媽突然倒下。就在一瞬間，那麼突如其來。她就直直地躺在客廳的地毯上、一動也不動。小女孩嚇到不知所措地愣站在旁。「我嚇到一直圍著她繞圈圈，還試著把她抬起來。」當年的小女孩，如今早已長大成人，如此回想道：「不知道過了多久，直到我束手無策地坐在角落，忍不住大哭，她才又動了起來。那期間，對我來說就像過了一輩子那麼久」

那位母親殘忍的教養方式顯然為大人帶來了期待的效果：**「每次只要我不順她的意，她就裝死。然後我就會分毫不差地照她希望的那樣去做。」**對小女孩來說，沒有什麼比因為她不乖而失去母親更可怕的事了。如果她最愛的人發生了什麼事，這個為人女兒的可能會內疚一輩子。因此她極度害怕。於是，只要有人過得不好，她就會感到良心不安和罪惡感，這樣的陰影早就在她內心扎根。

　　「我們很常聽到這類父母說他們從來不打小孩。」卡爾‧漢茲‧布里須（Karl Heinz Brisch）如此評論那些以裝死作為管教手段，讓女兒不斷陷入恐慌情緒的母親。布里須是慕尼黑大學附設醫院豪訥兒童醫院（Haunerschen Kinderspital）心身科與心理治療科主任。沒錯——當人心理上受到折磨時，發生在身體上的暴力往往就變得無關緊要了。布里須主要研究幼兒依附關係的形成與發展，也就是幼兒在出生後的幾個月和幾年間，與父母的關係——以及所有可能因為這種關係造成傷害的情況。因為這個時期的依附關係一旦受到傷害，被害者可能終其一生都要處理這個傷口。

　　「這類教養方法的後果通常頗為嚴重。」布里須接著說：**「受到這樣對待的結果，大腦會產生變化，親子間的依附關係也會有所改變，而且各種疾病發生的機率也隨之提高。此外，這類患者自己成年後，通常也會做出裝死的教養手段。」**那些年幼時被自己父母或其他親近的人施以情緒暴力的被害者，在他們成年後往往表現出非常類似的行為模式。於是，情緒暴力便以這種方式流傳給下一代。

　　超過兩個禮拜都沒有他的任何消息。她給他發了簡訊——沒有回應。她在他的語音信箱留言了幾次——沒有回應。他們兩人才在一起沒幾個月，過去幾段關係中，她從沒經歷過現在這種狀況。突然有一天，他迸地出現在她門前，就好像什麼都

沒發生過。他手裡捧著束花，邀請她，依他的說法：共度一個「浪漫的周末」。他既沒解釋消失的原因，也沒有道歉，更不承認他的行為有錯。相反地，他期待她把他的失蹤當作理所當然。「別想太多。」他對她說。

　　即便如此，她還是再度接納他，和他共度了一個美好的周末，再次深深地被他的魅力吸引。無論是他準備的禮物，還是他在晚餐期間散發的風采，無一不令她印象深刻。她自顧虛榮地想著：當時他的翩翩風度，讓飯店裡的其他客人不時往我們這裡看過來，可不是嗎？

　　回到日常生活中，他又無消無息地失蹤了。她給他發了個簡短的問候——沒有回應。她提議盡快見個面——沒有回應。當她告訴他已經無法忍受這種無知狀態和他的漠視態度時，他卻把所有的問題歸咎於她：「妳太黏了！我需要自由。妳的猜疑簡直有病！」她果然開始懷疑起自己，直到有人點醒她，是她任由男朋友擺布，才會把所有的問題往自己身上攬。因為問題顯然是在他身上，他不僅不顧及她的感受，還一次又一次地傷害她。

　　主治醫師巡房時，女實習醫師才剛要向他介紹「她的」病人，主治醫師和同行的護理人員已經站到走道上，準備踏進另一間病房。主治醫師像是突然想到什麼，說：「**真是個有趣的病例。**」他的眼神看向女實習醫師，平緩地說道：「但顯然

你什麼都不懂，所以你提出的治療建議才會侷限在身體上的傷。」他的語氣聽起來充滿關心——然而這樣才更是可惡：「或許，你最好重新思考一下你的職涯規劃。應該對我們所有人都好吧！」

　　情緒性的攻擊、粗暴的惡意行為和令人討厭的權力遊戲到處都可能出現，只要有人的地方就可能發生這些事情。這類例子不勝枚舉——從職場、學校、小團體中、朋友圈裡面或協會組織，甚至在伴侶關係中，至於家庭裡面就更不必說了。

　　羞辱、貶抑和忽視不僅令人感到痛苦與受傷，它們還可能導致心理層面嚴重的傷害，以及讓人持續生病。情緒暴力會對心理和生理造成極為嚴重的傷害，然而一直以來都被低估了。

情緒暴力的危害被嚴重低估

　　本世紀初，布里須在慕尼黑發起了一場以幼兒依附經驗為主題的國際會議。那次會議很快就發展成知名的學術研討會。此後每年十月有三天時間，來自全世界的專家學者聚在一起探討，當依附關係在幼兒時期受創時，對之後的人生歷程會造成怎樣的影響，以及會發展出哪些典型的行為模式，又會導致哪些病變與焦慮障礙。

　　布里須在二〇一六年組織第十五屆研討會時，決定以情緒暴力為該年度研討會的主題，結果那次準備過程陷入空前的混

專欄

並非所有心理層面的傷害都是情緒暴力

　　德國裔美籍心理醫師爾文·史特勞斯（Erwin Straus）早在一九三〇年就曾在他所寫的《事件與體驗》（*Geschehnis und Erlebnis*）中指出，並非每次羞辱或心理層面的傷害都會對身體和心理帶來嚴重的後果。這裡所指的是真實發生的事情，比方說被父母排拒在外、被老師嘲諷或在朋友圈中遭到排擠。這些事件如何被體驗與吸收，則又與個人秉性有關，也就是個人心理防護衣穩固的程度而定，以及有哪些強化資源和抗壓力，還有事件發生在人生中的哪個階段。

　　有時候事件和體驗之間的關聯令人訝異的薄弱，即使是受到嚴重的侮辱也能夠好好收摺起來。相反地，有些輕微的震盪也可能持續產生影響。因此，有誰能說那些幼兒時期受到激烈情緒暴力的被害者實際情況又如何呢？他們到底意識到他們在無情的環境中長大的真相了嗎？他們後來會認為當年的貶損是一種精神折磨嗎？

亂狀態。因為那次的活動名額早在研討會開始前半年就額滿了。過去幾年參加研討會的專家學者雖然也很熱絡，但那次的

報名人潮特別踴躍。[1]當時約有一千五百人對情緒暴力這個議題感興趣。

那次研討會之所以引起熱烈響應，是因為無論就發生的頻率、區域範圍或是其後影響深遠的後果，情緒暴力的嚴重性至今仍一直被低估了。這可說是雙重的否定：一方面被低估的是這些情緒暴力和羞辱發生的頻率；另方面被低估的是這些在日常生活中發生的惡意對待和貶損，多半被認為是不值一提的瑣碎小事。至於那些被害者，也被期許能無怨地忍受情緒暴力帶來的折磨。

到底有多少人承受過情緒暴力，目前還沒有準確的數字。在專業文獻中，經常提到**約有百分之六十的人遇到過「令人反感」，也就是遭受過敵意對待的經驗**。這裡指的不僅是受到羞辱或是貶損等經驗，也包含了其他如重大意外或失去所愛的人等深刻經歷。至於其他如肢體暴力或是性暴力經驗等情緒負荷也算在其中。

至於從何時開始羞辱、忽視，或精神傷害算得上可以稱為情緒暴力，也很難明確界定。因為這尤其視被害者的主觀感受而定。有些心理治療師認為，在日常生活中持續出現長達四個星期或更久，且相關記憶久久揮之不去的負面經驗即可稱為情

---

[1] 該次研討會論文集：Brisch KH (Hg.): Bindung und emotionale Gewalt. Stuttgart 2017

緒暴力。但要精確界定這些時間並不容易,因為心理層面的傷害可能在經歷過難受的幾周之後,又幾乎不著痕跡地被新的負面經驗覆蓋過去。反之,個別經驗也可能啃食更深層的心理而造成持續性的傷害。

　　就連精神病學、心身醫學與心理學等領域,至今仍較少關注情緒暴力議題。即便有,通常也是與戰爭、刑罰折磨、驅逐,或是殘酷無情的經歷聯想在一起,如敘利亞兒童在內戰中失去父母,以及其後在長達數月之久的逃亡中受到的驚恐之類的重大事件。或有些與計畫性的虐待有關,比如,據紀載,羅馬尼亞的兒童收容所裡面的孩子在獨裁者尼古拉・希奧賽古(Nicolae Ceauşescu)統治時期的經歷。此外,情緒暴力有時也會發生在重大的犯罪案件中,比如奧地利女孩娜塔莎・坎普希(Natascha Kampusch)的綁架案即屬此例。這類案件由於惡性重大,往往佔據公眾媒體版面好幾個月時間。一九九八年,當時才十歲的坎普希被綁架長達八年之久。確切來說,一共是三〇九六個日子,坎普希被監禁在車庫下方的地下室中。這類心靈創傷大多會留下深刻的心理傷痕,幸好較為罕見。倘若將這種罕見案例與日常生活中發生的情緒暴力相比較,對兩者都不見得公平。後者主要是惡意行為、貶損和羞辱,以及刻意忽視。**這些心靈上令人厭惡的小折磨可能發生在生活中的各個領域,只要有人聚在一起的地方,只要有一方依賴另一方、權力關係不對等的地方就可能發生。**儘管如此,我們卻常對它們視而不見。

　　然而，受到刻意的侮辱和貶損可能帶來身心健康上嚴重的後果。針對性的傷害、明顯有感的怒氣與恨意對心理尤其有破壞性的影響，因為那些行為明顯表現出鄙視人的態度。倘若這類語言或行為是父母、親近或重要的親朋好友表現出來，對被害者的傷害尤其沉重。

　　雖然情緒暴力層出不窮，但極少人能夠談論日常生活中遭遇的惡意與殘酷對待。有些情緒暴力可以很快拋諸腦後，特別是發生在情感關係中的情緒暴力，可以明顯感受到對方並非出於惡意而為，而且雙方很快再度和好的情況下。即使這類情緒暴力有時難免還是會造成深沉的傷害──但仍舊會被承受下來，或被視為命中注定。

　　本書主要探討日常生活中出現的情緒暴力，諸如惡意行為、羞辱、霸凌和排擠，我們之中有許多人以令人驚訝的頻率一再受到這類的對待。因為這些心理層面的攻擊不只令人厭惡，有時甚至還會讓人真的生病。情緒暴力可說是緩慢浸蝕和破壞許多家庭與伴侶關係，或讓許多職場關係變得難以忍受的毒藥。

　　然而，情緒暴力到底是什麼？它們又常以哪些形式出現？以及，從什麼時候開始粗暴與非善意的行為才算得上具破壞性的惡行？早期發現並遏止情緒暴力才是最好的防護方式。那麼，又該如何在這類攻擊行為剛有點苗頭的時候就做好防備呢？

小小的攻擊，大大的傷害

有時候「肇事者」或是肇事團體自以為能判斷傷害的程度。他們會想：「那些行為哪有那麼嚴重到足以造成傷害？」以下幾種常見說法，意圖淡化這類攻擊所帶來的傷害程度，大家一定都不陌生：「別想太多」、「可別過於敏感」、「總有表達意見的自由吧！」、「這只是你的想像」、「人家才不是那個意思」、「你竟然無法接受任何一點批評」、「可別那樣想」、「批評他人的人也要能接受別人的批評」。

當有人說起自己感覺受辱或被欺侮時，經常得到諸如此類的回應。這些話背後的意思是：**那只是主觀的痛苦感受而已**，再無其他。然而，疼痛的感受是無法一體適用的。一個人被惡毒的語言傷害或是受到難堪對待之後，感受到的痛苦程度，絕非局外人可以評判。因為承受與能夠感知的唯有被害者自己而已。

另外一點：**情緒暴力的痕跡是看不到的**，特別對局外人而言，他們大多感受不到——即使這些傷痕會緩慢消失。相反地，如果是肋骨斷裂或是幼童身上出現瘀青，甚至是虐待性頭部創傷（Schütteltrauma）或是在醫院和診所常見到的骨折病例，都很容易認定為受到虐待的結果。醫師清楚知道典型對兒童施展暴力後可能留下的痕跡，也對那些父母或其他施行暴力的家屬可能說出的推託之詞瞭若指掌。

　　羞辱、排擠、持續的沉默、貶抑或是毫不掩飾的恨意，都能人體驗到近似肉體創傷的痛楚，但是這些情緒暴力造成的影響並不容易被看到。因此，情緒暴力也被醫師和心理治療師稱為「看不見的棍棒」（unsichtbaren Keule）。心理上的創傷所造成的後果更難預料，有些傷口甚至從此不再癒合或者會不斷裂開。因此本書要探討的議題是如何避免情緒暴力的發生，以及萬一不幸遇到了，如何處理情緒暴力所帶來的負面影響。

第一章

那些真正令人感到痛苦的事

　　情緒暴力可能以許多不同形式發生。有時它可能以忽視、排擠或視若無睹的方式表現出來，或也可能是公開的拒絕與敵意。此外，還有各種試圖操控他人的行為：意圖讓人移轉感受，挫折對方的情緒，或讓對方的心情轉往特定方向。情緒勒索、情感操控（Gaslighting）以及「能量吸血鬼」（Energievampiren）等行為都是常見手法。

　　雖然在精神上傷害人有些典型模式，實際上的認定卻是因人而異。或許對某些人來說，母親以帶有責備意味的表情對女兒的行為表示不贊同，就是很嚴重的情緒暴力。對另外一些人來說，則是父親以帶有貶低意味的眼神或搖頭表達對兒子的不信任。對於第三種人來說，光是想到原本以為是朋友的同學充滿嘲諷的笑聲，即使在幾年後都足以令他起雞皮疙瘩。

一、「忽視與不理睬」

忽視以及情感上的冷漠也被心理學家認定為創傷經歷。**「沒有受到關注與沒得到回應是一種特別令人心痛的經驗。」**依附關係專家與兒童心理治療師布里須說：「從兒童到成年人，有另一半的人或是單身者，乃至於私人生活或是在職場上，都適用這種說法。有些家庭，當家中有人對另一人施暴時，全家人都選擇對這類事件保持沉默、閉口不談，幾個世代以來都是這樣，幾乎變成家族傳統。把視若無睹當作懲罰。」這些孩子外在看來雖然過得不錯，有時甚至在物質上被寵壞了，但他們在心靈上卻極度貧乏。他們得不到肯定和關愛。他們能夠體驗到關注的方式，可能就是以辱罵和否定他們的形式出現。

有些學者認為，因為父母或其他重要關係人情感上的迴避所造成的破壞，與肢體上的暴力或是性暴力造成的傷害程度接近或幾乎同等嚴重。無論父母是因為任何成癮問題沒有能力照顧孩子，或是自身的人格障礙，或僅只是情感表達上較為冷淡，無論何種原因使得他們無法關愛孩子在這裡並不重要。人類是社會性的生物，極度依賴情感交流、人際關係與互動。歷史上無數殘酷的例子都顯示，**在沒有關愛和與人親近的環境下成長的人（尤其多數是兒童），最後萎縮的往往不只是心理層面，還有身體上的機能。**

　　人類不只是哺乳類動物，更因為是彼此間有合作能力的智人（Homo sapiens），而不同於其他物種得以繼續進步。與他人有所連結、彼此互動，並能與人產生共鳴是保持健康的要件。[1]「目前已經有許多研究證實，孤獨感幾乎可以讓所有人生病。」德國烏爾姆大學附設醫院（Universitätsklinikum Ulm）心身科主任哈拉德・鈞岱爾（Harald Gündel）說。[2]「缺乏接納與重視不只對大腦造成影響，也會影響全身，尤其使得許多身心疾病源頭的發炎指數升高。」

　　早在弗洛伊德（Sigmund Freuds）於一九一九年發表一篇名為《一個被打的孩子》（*Ein Kind wird geschlagen*）的論文中即指出，對某些人而言，比起絕對忽視，受到不好的對待或關係出現問題的後果反而較不嚴重。有些被害者此後不斷陷入受到強烈貶抑的關係中，並且一輩子與受到忽視的感受奮戰。無法引起他人的回應、在他人眼裡看不到自己的存在、似乎什麼事都與他無關受，可能導致輕視自我的感受，並且引起心理層面突如其來的毀滅性痛苦。忽視會讓人覺得自己是無物，

[1] Cole SW: Social Regulation of Human Gene Expression: Mechanisms and Implications for Public Health. American Journal of Public Health 2013; 103: 84

[2] Holt-Lunstad J: Why Social Relationships Are Important for Physical Health: A Systems Approach to Understanding and Modifying Risk and Protection. Annual Review of Psychology 2018; 69: 437

Holt-Lunstad J, Smith TB, Layton JB: Social Relationships and Mortality Risk: A Meta-analytic Review. PLo-S Medicine 2010; 7: e1000316

明顯看輕自己——沒有社會與情感支持，就像在沒有空氣的空間裡。

　　肢體暴力雖然會痛，而且也和嚴重的羞辱有關。有些學者認為，比起完全不被注意到，肢體傷害有時反而讓人更能忍受。施加在肉體上的暴力當然是不正當的行為，但至少得到對方的反應。人與人彼此有接觸，發生某些事，加害者表現得像是受害的一方——即使當下他對被害者表現出來的主要是攻擊性、憤怒和仇恨。

　　「**忽視和心理創傷都會留下讓人難以擺脫的生物疤痕。**」邁阿密大學心理學教授查爾斯・涅梅洛夫（Charles Nemeroff）表示。「**當兒童受到忽視，可能在身體和精神上產生最嚴重的後果。**」儘管將殘忍程度加以分級似乎顯得怪異——情緒暴力造成的負面影響可能比身體上的傷害或性侵害還要深刻。「一切都被殲滅殆盡、顯得壓抑沉悶，而且情緒低迷。」慕尼黑工科大學附設醫院（Klinikum der Technischen Universität München）心身科醫師及創傷專家馬汀・薩克（Martin Sack）直言。在多數虐待事件中，被害者往往會對加害者發展出諸如憤怒或反抗等自衛情緒。在這類例子中，仇恨至少還有個目標對象。

　　被忽視的孩子卻沒有這樣的目標對象。「不曾擁有的東西所造成的傷害恐怕是最嚴重的了。」倫敦的兒童心理學家邁可・魯特（Michael Rutter）也這麼說。美國亞特蘭大與邁阿密

的心理學者在幾年前也證實，兒童時期受到虐待或被忽視的孩子長大成年後，都表現出不同程度的認知缺陷。[3]那些有心理創傷的研究對象不只是情緒處理功能受損，他們的視覺記憶，以及在解答針對特定目標的題目時，都顯示出幼兒時期受到忽視對他們的情緒障礙造成了最嚴重的影響。除了情緒穩定度之外，他們的智力與記憶力也明顯受損；精神上則有認知障礙。

　　「情緒虐待可說是最常見也是傷害最嚴重的虐待形式。」美國德州丹頓大學（Universität Denton）的心理學教授雪莉・里格斯（Shelley Riggs）表示：「對兒童來說，最大的困難在於，父母同時是問題的來源與解決問題的關鍵。」倘若造成傷害的人正巧是所愛的人，以及在生命初始的前幾年賴以為生的人，那麼在精神上以及肉體上造成的長期後果尤其嚴重。至於要讓他們造成的傷口癒合，或是不斷撕開舊傷口、製造新的傷害，並且持續威嚇與傷害孩子，決定權則掌握在父母手中。

　　如果母親或父親不採取行動試圖彌補他們造成的羞辱與傷害，或是收回他們拒絕的表現，就可能衍生心理障礙、煩躁與病痛，而且不只是精神上，還有肉體上的。日常相處、與他人的關係——這一切對情緒暴力被害者來說，都籠罩著一層沉重

---

[3]　Gould F, Clarke J, Heim C, Harvey PD, Majer M, Nemeroff CB: The Effects of Child Abuse and Neglect on Cognitive Functioning in Adulthood. Journal of Psychiatric Research 2012; 46: 500

的陰影，而且這些陰影會使他們的人生很長一段時間晦暗無光。每個遭受過情緒暴力的人可能會做出不同反應，但是情緒暴力所帶來的後果即便在幾年之後仍然能察覺得到，並且對人生造成長期傷害或甚至完全摧毀人的一生。

二、「情緒勒索」

當然，那些我們想從他們那裡得到愛的對象，正是我們最不希望對他們感到失望的人，因為我們自己就是那麼地愛他們。我們甚至可以為他們付出一切。就這點而言，當這些人，尤其這些人通常是自己的父母或是另一半，索求多於我們能夠給予的情感、關注與關愛──並且當他們的期待無法得到滿足時，動不動就對彼此關係的基礎提出質疑時，就顯得特別卑鄙與可惡。

被高度要求與期待該做些什麼或該給出什麼，並因此壓得人喘不過氣來的經常是比較親近的關係。當孩子轉眼進入青春期，慢慢脫離原生家庭，面對要求與現實的衝突時──隨之而來的反抗尤其劇烈。

「你到底知不知道我有多擔心？」媽媽對十六歲的兒子說。「我以為你知道我會擔心，會早點回家，但顯然這樣認為是對你要求太多了。你能想想我的感受嗎？」沒辦法，眼前的年輕人應該是無法想像媽媽的感受。他剛才不僅一點也不擔

專欄

「你應該知道，我為什麼會不高興。」

「我以為妳是愛我的！」真是厲害的一句話。他滿是氣勢地說出口，這至少是情緒上的進擊。這句話中充滿了啃食他人的期待與要求——當然，還有幾乎無法當作沒聽到的責難，因為他的期待或要求沒有得到滿足。「我以為，你和我一樣對這件事有興趣。」又是情緒兵器庫中的另一句經典，而且這句話經常出現在家庭或伴侶關係中。還有這一句：「**你好好想想為什麼我心情不好。你應該想得到的！**」

以上幾句話都有共同的目的：讓接收者感覺自己做錯了，並且感到良心不安。接收者起初會因為自己不夠關心對方心而感到慚愧。作為懲罰，還要接收者去猜測說話者不高興的原因。這是一場早就打好算盤的遊戲。因為打從一開始就已經預設好誰是做錯事的人。

憂，還輕鬆愉快地和朋友玩在一起。

現在媽媽的一番話就要他承擔起讓媽媽發火的責任。他無法察覺有人正嘗試擺布他的行為，他只是覺得不安。如果他毫無防備地容忍這樣的攻擊，並容許他的情緒以這樣的方式受到操控，那麼他之後就不願意在晚上外出——或是，即使出

門了，腦子裡還要不斷想著，應該「為了媽媽」早點回家。而且即就算他這麼做了，他還是會感到不安，深怕自己又做錯什麼事。

　　為了能公正的評估這種情況，母親的動機固然很重要。那位媽媽這麼說，主要是出於對兒子的愛，以及希望不要和兒子太疏離。因此，即便那位母親經常如此擔心可能讓做兒子的感到壓力，但某種程度上還是能夠理解。然而，如果只是把母親的感受放在最重要的位置，她所說的那些話主要是為她自己幾乎沒有出遊或是任何享樂的機會感到難過，因此才試圖操弄情緒藉以控制兒子。做兒子的或許還能忍受她喋喋不休一陣子，並且為了她早點回家——只是為了有朝一日可以躲開她。那麼他就是看清楚，母親說那些話並不是出於對他的關愛，而是只為她自己著想。

三、如影隨形的「能量吸血鬼」

　　有些人會不斷索求，或許在認識的人或朋友圈中都能找到這一類人。他們會不時，或是沒有徵得同意的情況下就對說話的對象傾訴起來，然後表示終於找到機會可以好好地與對方說說話。但其實這些人期待的是別人能不斷想到他們、關心他們，並且能隨時聽他們訴說遇到的問題。

專欄

無止盡的循環

當她打電話來時，她不會問是否打擾到別人，或朋友是否剛好可以有時間聽她說話。「嗨！克拉拉，這件事很重要，**我一定要跟你聊聊。**」三十八歲的她這麼說著。「他要和我分手，**我再也受不了了。**」克拉拉很清楚這個模式，她知道這場對話接下來會如何進行下去，她必須不斷安撫電話另一端的人——然後不時提醒她，她正要帶孩子上床睡覺。

不過克拉拉完全沒機會把想說的話說出口。「今天我真的需要妳，**我真的不知道該怎麼辦了。**」這位女性朋友說：「**我就是辦不到。**」聽起來真的很嚴重，但如此絕望的哀嘆也只是對方來電時的常態。偏偏克拉拉無法表現出拒絕的態度。她聽著女性友人訴說困境，慢慢地完全投入到對話中。即使她丈夫已經在一旁翻白眼，也只能自己默默帶著孩子上床睡覺。直到放下話筒、結束對話，已經是將近兩個小時之後的事了。這時的克拉拉只感到空虛與筋疲力盡，但問題最終還是沒有得到解決。待下次再接到這位女性友人的電話，通話過程也幾乎會和這次一模一樣。

能量吸血鬼的特徵

- 能量吸血鬼幾乎只能提出問題，鮮少能提出解決方法。
- 他們談的大多是相同的話題，比如終年抱怨另一半有多糟，或是令人討厭的主管，但無論如何他們都不會嘗試改變現況。
- 他們只是想從關係中不斷索求，極少付出。
- 他們急迫地要求別人給出答案、建議、看法和時間，有時還無法等待──要別人現在、立刻回應他。
- 如果別人無法滿足他們，甚至會以情感的撤回或其他操控手段作為威脅。

這些人也有他們的重擔，命運對他們來說也不容易：他們不斷陷入糾結的形勢，製造出迫不得已的處境，哀怨地訴苦他們的心情正處於緊急狀態──而且，這些人極少能夠自己找到出路。於是，向人索求對話與解答，希望別人能給他好建議，企求對方能全心全意關注他的最新狀況。這類索求不外乎：「如果是你的話，你會怎麼做？」、「我到底該怎麼做決定？」、「請告訴我，你對這件事的看法。」

當這類情況發生在好友、家人或是伴侶之間，一般人通常都很樂意傾聽和給予安慰。畢竟心情不好或憂慮過大時，會想找人傾訴並不奇怪──而且一般人大多會伸出援手。之後，傾

聽者會得到很大的感激——「你真的幫到我了。」——雖然這樣說，但實際上並不好，而且永遠都不夠好。

即便在親密關係中，誰也無法保證能隨時給對方足夠的時間與空間。偶而就是會有那麼不恰巧、無法陪伴對方的時候。倘若有一方不斷提高要求，就會讓彼此的關係受到考驗。有些人只是到處找人訴說他們的困難和問題，還強迫別人一定要聽他們說。他們完全接收不到對方釋出任何不想聽，或是不想涉入別人的處境，或完全沒興趣知道等訊號。他們總是提出同樣的問題和困難，諸如：「我到底該怎麼做？」、「如果是你，你會怎麼做？」、「我真的不知道該怎麼辦了」。

當然，人生中難免會有無能為力的時候，或遇到許多自己無法改變的事。這時有親近的人或真正的朋友陪伴當然很好，有時甚至還攸關性命那麼重要——人總要有能夠讓自己放任情緒，以及感到安全的港灣這類的地方。但是不斷逼迫別人，或要求別人給出解決方案或解答的人，免不了將關係中的付出與得到當作賭注。朋友間的情誼和愛情大多出於自願與互惠。當其中一方反覆提起舊話題，並且到處向人徵詢意見，這段關係就失去平衡了。被提出要求的一方總有一天會感到疲乏以及被利用了。能量吸血鬼對哪一種關係都不是良性的存在，因為他們只在意利用對方維持自己的自我中心主義，絲毫沒有意識到他們的話題幾乎只繞著自己轉。

能量吸血鬼的責難及情緒勒索有時還會套用一些典型模

式，如：「我以為你是可靠的」、「真是令人難過，正當我這麼需要你的時候，你竟然讓我一個人獨自面對」、「沒想到你是這種人」。總之，能量吸血鬼越不幸，對別人的要求就越高。這時候就該基於善意，畫出明確的界線。如果在意這段關係，就該讓能量吸血鬼知道，不該總是拿朋友情誼製造壓力和壓榨情感。

朋友間的關係很難完全平衡，有時候一方需要多些支持，有時候輪到另一方需要較多鼓勵。然而，一旦這種關係長期處於不平衡的狀態，而且從原來的友情幾乎要演變成具療癒效果的拯救關係，就應該馬上釐清──能夠給的、樂意給的，以及情感包容的限度在哪裡。

四、「情感操控」：當一切突然都變得有問題

「我今天到底做錯了什麼？」、「你說的一定有道理，問題必定在我。」、「當她回家時，一切都準備就緒了嗎？」、「也許是我太敏感了，但我覺得自己不夠好、配不上他已經很久了。」

如果有人反覆思索上述或類似的問題，覺得自己很沒用、老是做錯事，覺得自己渺小軟弱，那他或她的情感應該受到操控了。情感操控的伎倆，說穿了不過就是否定被害者的感受。加害者不斷聲稱是被害者自己記錯了，並且指稱被害者曾經說

電影《煤氣燈下》：當煤氣燈閃爍時

「情感操控」（Gaslighting）的概念出自一九四四年美國同名電影《煤氣燈下》。故事主要圍繞著一對夫婦的生活中發生的一連串怪事。女主角寶拉（Paula，由著名演員英格麗·褒曼飾演，褒曼並以此片首度拿下奧斯卡金像獎最佳女主角獎）把丈夫葛瑞高里（Gregory，查爾斯·博耶飾演）送給她的一塊胸針弄丟了。不久，又有幅掛在牆上的畫不見了，丈夫聲稱是寶拉自己拿走那幅畫。但寶拉對此一點印象也沒有。此外，寶拉經常聽到天花板上有動靜，那裡應該是常年上鎖的。而且每當用餐時，煤氣燈的光影就會閃爍不停——但是葛瑞高里卻總是說他沒看見。貴重物品持續失蹤、東西也經常不在習慣的位置上，甚至聊起先前的對話內容，兩人的記憶都完全不同。

葛瑞高里表示無法理解寶拉精神混亂的狀態，極力勸說寶拉接受那些不明事件都只是她自己的想像而已。葛瑞高里逐步把寶拉和外面的世界隔絕起來，然後試著讓她相信——她就像當年生下她之後難產而死的母親一樣——精神也慢慢錯亂了。最終寶拉果然也相信了葛瑞高里鋪陳的一切。後來才知道，原來是葛瑞高里企圖用謊言與製造假

象想把自己的太太逼瘋，目的是好讓他在這棟寶拉姑媽遺留下來的宅子裡，繼續尋找那些還沒找到的珠寶，而且，寶拉的姑媽也是葛瑞高里殺害的！他接連把東西藏起來，不斷挪動家具擺放的位置。葛瑞高里不只企圖操控寶拉的認知，就連煤氣燈有時會閃爍，還有天花板上的腳步聲，原來都是葛瑞高里在閣樓裡開關燈造成的現象。

過或做過他自己根本就記不得的事。這類操控手段最終總有一天就連被害者自己也會相信加害者說的話，或甚至開始害怕哪天會失去理智。謊言不斷流轉，真相遭到扭曲，直到被害者開始懷疑自己的感受和認知，然後毫無招架能力地接受加害者擺布。一開始是懷疑，緊接著就是絕望了。

　　情感操控的可惡程度，可說是操控術中的極致了。讓人感到迷惑、謊言、讓人感到不安都是情感操控常用的手段。類似電影情節背後還有那麼多心機的犯罪行為其實極為罕見。總之，情感操控涉及權力的行使以及恫嚇。當加害者看到自己那麼容易就讓對方陷入迷惑不安的境地，甚至開始不相信自己的認知時，就會感到自己力量很強大。如果接著被害者又承認是他自己弄錯了，加害者很快就能把對方玩弄於指掌間了。

　　美國心理學家羅蘋‧史騰（Robin Stern）筆下曾經寫過許多情感操控的例子，以及，從調情高手到惡劣的騙徒等，使用

這些操控技巧的各種類型。[4]其中，如史騰曾在她的書中提過，美國總統唐納・川普（Donald Trump）顯然就是善於利用情感操控術的人。關於受邀到左派支持者及川普評論家約翰・奧利佛（John Oliver）的脫口秀節目中接受訪問，川普曾經在他的推特（Twitter）上寫道：「奧利佛讓手下打電話給我，邀請我去上他那個無聊至極、根本沒人看的脫口秀節目。我大聲回說：『不用了，謝謝！』那簡直就是浪費我的時間和精力！」

　　這則貼文中至少有一小點與事實不符。奧利佛根本就沒有，也不曾派人邀請過川普上他的節目。奧利佛也不想在他自己的節目中訪問川普。但川普還是說了與事實南轅北轍的話，並且還在一次廣播專訪中表示，不止一次收到上奧利佛節目的邀請，而是四或五次之多呢！這樣於事實不符的話大大刺激了奧利佛，使他開始不由得懷疑起自己的認知，並自問或許該真的邀請川普總統上他的節目。「那些發言真的讓我產生憂慮，會成為這類過度自信的謊言的目標。」未久，奧利佛在自己的節目上表示：「我甚至開始追查，只是想要確認我的人會不會哪次不小心真的給他發了邀請。想當然爾，事實上並沒有」

　　這個事件中值得注意的是，奧利佛無論在私人生活或家庭關係、甚至業務往來或經濟上都與美國總統川普沒有交集。同

4　Stern R: Der Gaslight-Effekt. Wie sie versteckte emotionale Manipulationen erkennen und abwenden. München 2017

時，他也不是那麼容易被威嚇的角色，而是完全相反。即便如此，這個有自信的影視名人竟然還是像他自己說的那樣，差點被不實的陳述誤導，懷疑起自己。這完全與奧利佛是否性格不夠堅定無關，而是情感操控不可捉摸的力量。

五、「精神上的毀滅性痛苦」

長時間對戰，有個士兵被捕、手無寸鐵地落在敵人手中。敵營的人經過短暫商量後，還是決定來場簡短的審訊。淪為階下囚的士兵雙眼被矇住，馬上就感覺到有一把槍抵住他的後腦勺。那一剎那就像無止盡地延伸，時間好像就這樣停了下來。有時看著被害者的恐懼，就足以令加害者開心不已。

這類精神折磨的方式不勝枚數。可能是明明沒上膛的手槍扣上板機的聲音，讓被害者嚇得驚惶失措；或是戰勝者突然發出譏諷的笑聲，然後摘下被害者的眼罩。這些加害者只是要展現，他們有能力行使作為人所能擁有的終極權力：一如主宰生死的統治者。他們會自以為施恩，先讓被害者暫時活著。但是被害者很清楚，這類場景隨時都可能再度上演，而暫時留活口並不代表他作為戰俘被囚的悲慘命運就此結束。他只是從此更加意識到自己所處的劣勢，以及任人宰割的處境。

這些或類似場景幾乎出現在每部西部片或中等水準的偵探小說中──而且很遺憾地也出現在現實生活中。曾經經歷過九

死一生、與死神擦肩而過的人，可能因此留下長時間的心理創傷，因為當下的恐懼已經深深烙印在心底。實在是那種生命最後一刻的感受太強烈了！

　　一旦驚嚇解除，並且變成一場病態遊戲，精神上的痛苦只會更劇烈。被害者自己也會感到更無能為力：因為或許下一秒就會被射殺，或者被虐待，或也可能突然就被釋放了。

　　一九三〇年代，醫學史上曾經在印度發生過醫生對一個死刑犯進行殘忍實驗的案例。當時的罪犯被矇住眼睛，雙手與雙腳各被綁在床的四端，然後醫生告訴他要切他的四肢。並告訴罪犯，幾乎不會讓他感到疼痛，只是會讓他慢慢流血過多而死。

　　當幾位醫生在罪犯皮膚上劃了幾刀後，接著把掛在床四端的水袋都刺了小洞。每個水袋下方都擺了一個錫碗，因此當水滴下時可以清楚聽到聲響。隨著時間過去，水滴到碗裡的速度越來越緩慢，罪犯的呼吸頻率也變得越來越慢，終至完全停止。最後，罪犯死了——其實過程中他最多只流了一小杯血。最終罪犯的死亡並非因為失血過多，而是因為他相信自己必然死去。

本 章 重 點 回 顧

1. 情緒暴力可能以許多不同形式出現。精神上的忽視可能帶來比肉體上的虐待或性侵害更嚴重的後果。因為人是社會性的生物，需要得到他人的回應。

2. 情緒勒索尤其容易出現在家庭或伴侶關係中。說出口的期待、要求愛的證明，而且一旦需求沒得到滿足，就馬上質疑彼此關係的親近與緊密程度。罪惡感和良心不安的根即以這種方式深植內心。

3. 能量吸血鬼想要別人全心全意繞著他轉。他強迫親近的人對他及他的感受給予更多關心，並且隨時都想從他人那裡得到建議或實際行動的幫助。當關係中只有一方不斷給予，另一方只是接受，這樣的關係很快就會不對等——長期下來並非良性互動。

4. 情感操控是特別可惡的操控方法。對方的認知和感受不斷受到否定，直至有朝一日他開始懷疑自己做錯了，並把問題攬在自己身上。如果遇到說謊面不改色的大騙子，甚至連原本很有自信的人都會開始變得不確定。

5. 完全任人擺布，而且受到直接的死亡威脅，可能演變
   成精神上毀滅性的痛苦。被害者全然無能為力，以及
   加害者隨時可能行刑或突然施予恩惠的肆意妄為，將
   導致持續很久或不斷反覆襲來的絕對無助感。

第二章

哪些人容易受情緒暴力影響？

　　這本來是令人歡喜，每年固定的聚會。每年夏天兩個自學生時代很要好的男人會在湖邊的一間餐廳相聚。接下來幾天，兩人會一起徜徉在大自然的懷抱中，每天在附近散步到身體乏累，晚上再一起享用豐盛的晚餐，直到筋疲力盡才結束一天的活動。每次出遊不僅為重逢增添愉快的氣氛，也能活動筋骨。每次見面其中一人總要重新再把兩人一起上學時，有個老師找他麻煩的事又拿出來講一遍。雖然那些事都已經過了四十多年，卻依舊在他的記憶中佔有一席之地，並且不時讓他回想起那些痛苦的場景。「真是奇怪，我不大記得那位老師了。」另一人說：「雖然我已經忘記那段時間裡發生的許多事，或有些記憶可能被美化了，總之我印象中當年我過了一段愉快、無憂無慮的求學時光。」

　　這兩個男人在他們過往的人生中都已經有些成就。事業成功，家庭方面也經歷過一些尋常的挑戰，可以算得上平順了。兩人也都沒有明顯的精神傷害或心態扭曲的跡象。只有一些常

人都會有、再平常不過的特質或小瑕疵。然而，其中一人在許多年後仍然無法忘懷當年那位老師帶給他的羞辱，因而必須一再重複講起那些不愉快的事。反之，另一人就像所有人一樣，雖然在學生時代也被老師說過幾句不好聽的話，留在腦海裡的也只剩下快樂的少年時光和求學階段的印象。

　　為什麼會這樣呢？為何有些人幾十年後還能記住些不愉快的對話、老師的斥責或其他羞辱──而另外一些人雖然也有過類似的經驗，卻早已拋諸腦後，或頂多把那些事當作朋友聚會哄鬧著玩「火燒紅酒」（Feuerzangenbowle）時聊起的故事？為何有些人對於過往遇過的惡意對待可以做沒發生過，或至少很快將自身抽離，另一些人卻牢牢記在心底，並且反覆感到痛苦？

特別容易受到傷害的階段

　　「我們所有人都可能遇到的這些可惡行為和經驗還缺乏進一步分類，」德國馬堡飛利浦大學（Philipps-Universität Marburg）心理學家溫弗瑞德・里夫（Winfried Rief）表示：「某些侮辱是否嚴重到成為情緒暴力，與接受到惡意的強度和時間點很有關係。」也就是，**遭遇的時間點和心理創傷持續的時間長短極為重要**。舉例而言，當年羅馬尼亞受到忽視的孤兒，如果在不到六個月大時就被帶到一個充滿關愛的家庭裡，他們大腦成

長過程中所受到的阻礙就微乎其微。然而，倘若這些孩子超過六個月大才轉換到有愛的環境，就明顯出現大腦發展遲緩的跡象。

　　一般而言，雖然年紀越小遭受到情感上的拒絕，越有可能帶來傷害。然而比其長期受到情緒暴力的情況，終究只是短時間的傷口，衍生後遺症的風險較低。因此情緒暴力是否造成傷害，與它只發生一次或長期出現非常有關係。

　　此外，**帶來羞辱和造成傷害的人是誰**也很關鍵。如果涉及像父母、伴侶或其他特別的對象（significant other）等，這類重要的人造成的傷害多會遠大於泛泛之交所造成的傷害。同樣惡毒的語言，如果出自所愛的人口中，會令人難以忍受，或甚至雪上加霜。

　　再者，情緒暴力**背後的動機**也很關鍵。「侮辱和貶抑有多少針對性和故意值得探討的。」圖賓根大學醫院（Universitätsklinikum Tübingen）心身科主任施岱方・齊沛飛（Stephan Zipfel）說道。暴怒或突然發脾氣雖然可能很嚇人——就像突來的暴風雨中的雷響。但這類情緒爆發來得快去得也快，而且因為它們多半沒有破壞性的動機，因此——就像有句話說：過了就好——也會很快再度被遺忘，而且不會留下負面的衝擊。

　　然而，如果加害者出於刻意而羞辱被害者，故意挫折對方的尊嚴或貶低他，情況就不同了。無論加害者只是想要展示他

怎樣的攻擊算是「惡意」?

　　大聲、盛怒以及很兇不見得就表示那個人很壞。如果有個四歲的小男孩想要試看看壓碎甲蟲後會發生什麼事,那麼他是壞人嗎?應該不是。他的行為或許令人覺得不舒服,甚至認為小男孩對其他生物不友善,但卻不能抹煞他具有好奇心的事實,以及可能因此激起這個小男孩對研究的早期興趣。也或許,小男孩對甲蟲這麼殘忍的行為讓他感到滿足,因為他覺得自己「很強大」。

　　倘若小男孩因為他的行為受到懲罰,結果又如何呢?他或許因此學到,他攻擊甲蟲是不好的行為,他以後不應該再做這樣的事。他也可能學到,謹慎自己的行為與自制。但他仍然有攻擊性。「如果不讓小孩在遊戲中面對他們的攻擊性,之後他們可能也無法好好節制他們的攻擊行為。」瑞士巴梅威德醫院(Klinik Barmelweid)身心科主治醫師尤嵐・羅納爾(Joram Ronel)表示:「與其做出『大家不會這樣做』的規範,我更支持充滿趣味地學習衝突處理能力。」

　　我們可以這樣理解這個呼籲:能夠早點學習掌控自己的攻擊性的人,未來可能較不會有傷害他人的風險。「通常那些讓別人日子難過的人,往往就是那些覺得自己『只

是』挖苦或貶低人，以及無法公開展示攻擊性的人。終究多數人都沒練習過，如何看待這類『被動』攻擊。」羅納爾提到。所以，對人一定要親切並且帶著尊重──但是一旦遇到衝突，也不用害怕文明因此沉淪。

的權勢、對其他人展現自主性，或只是為了個人目的而利用被害者人，對被害者而言都沒有差別。即使是虐待的動機、情感投射，或以讓人順服為目標，都可能是情緒暴力的成因。

　　因此，被說了難聽的話而感到受傷的人，最好玩味其中的意圖，思量那些怒意最初出口的罵人的話是否真的帶有惡意──或只是當下的火氣。附有名言佳句的日曆上常出現的一句話說：「很多事情後來的發展，並不像當初看起來那麼糟糕。」這句話至少值得注意的是──尤其在家庭或伴侶關係中**──對有時情感衝動下做出的言行加以忽略**。而且再度和解的時機來臨時，要真誠地表達歉意，同樣地，也不要介意太久，並且能夠忘掉別人一時的失言。

　　人類在發展早期很脆弱。嬰兒早在母體內就對壓力與精神上的負荷有「切膚」的感受。出生後，應該開始建立與穩固依附關係的第一年，幼兒對於缺乏親近感與關係障礙又特別敏感。早在他們還無法說話表達時，他們對於周遭的氣氛已經有極為靈敏的天線。

　　青春期同樣又是另一個棘手的階段。「幾乎每個人都經歷過：老師一個錯誤用詞或是責備都可能毀了一個青少年。因為在那個階段還不夠成熟，而且敏感，所以特別容易受到傷害。」心理學家里夫表示。「**人是越年輕越容易受到心理層面的傷害。**」慕尼黑工科大學醫院心身科副主任醫師馬汀・薩克說。尤其是在**身心發展快速的兒童與青少年階段**，而且這個階段又**與懷疑和不安全感有關**，這個時期受到的羞辱更可能牢牢被記住。「此外，人進入**高齡**以後脆弱程度又會再度升高。這是因為年長者不會再有許多足以掩蓋那些不愉快的正面經歷，因此較容易受到負面經驗的衝擊。」

　　「**人也可以改寫不好的經驗。**」漢堡大學附設醫院（Universitätsklinikum Hamburg）的心理學家伊楓娜・內斯托里烏克（Yvonne Nestoriuc）提到：「那些負面經驗雖然不會完全且永遠消失，但它們會被正面經驗取代或疊蓋上去。」無論是情節輕微的惡作劇或嚴重的虐待都適用這種說法。這是人類處理創傷的心理機制。只要受到傷害的情節不是太過嚴重，我們的心理在某種程度上可以自我修復。

　　「躲避球賽時，我總是最後被選上的幾個中的一個。」內斯托里烏克笑著說到。「到後來我就覺得沒關係了，而且我因此在其他像是田徑或舞蹈之類的活動中找到樂趣──然後我告訴自己，反正我也不喜歡球類運動。」

　　另外有一些學者的報告中，也記錄有許多與病人的對話裡

面提到，倘若不斷出現可以覆蓋負面經驗的正面經驗，即使情節嚴重的虐待也能被淡忘。對於經歷過糟糕經驗的人，雖然不斷有新的經歷，但這樣的認知並不會減輕或讓他們比較不痛苦。不過，這時正好可以看出，受害的人有哪些資源，以及他們的心理強度與抗壓力。

不好的事又突然重現

　　鄰里間有幾個專門以欺凌弱小為樂的男孩。冬天時，他們故意搶走帽子和手套；夏天裡，他們又偷走小孩子的足球，有時甚至還接著把他們打一頓。因為害怕事情會變得更糟，有好長一段時間幾個十歲的孩子都不敢跟父母講這些事。由於那群壞孩子中的老大經常穿著皮夾克，幾個年紀較小、被欺侮的孩子中，有一人甚至只要遠遠看到有人穿著類似的外套就感到害怕。有一天，這個孩子老遠就看到某個加害者，於是就近躲到加油站，懇求不明就裡的加油站工作人員讓他留在那裡。他害怕到束手無策，不得不等到加害者再次消失在眼前。

　　幾天之後，這個小男孩獨自和另一個朋友在路上，再次遇到其中三個壞孩子。這次他決定保持冷靜。「好吧，你們可以拿走我的書包。」小男孩堅定的語氣說：「雖然本子不見了很麻煩，但我可以因此得到一個新書包，感覺還不賴。」

　　為何人有時會陷入恐慌，有時又出現創傷後的壓力反應，

但有時又能對這類衝擊不做出任何反應，目前尚無法明確解釋。為何有些人雖然也經歷類似的事件或有相近的基因組合，卻比其他人更容易罹患精神疾病？為什麼有些同儕只是遇到一些紛擾就無法應付，不久後更是出現壓力跡象或可能出現焦慮或憂鬱症狀？其他人即使同時遇上極具挑戰性的工作、有小孩或許多其他責任，也同樣遭受到不好的事情，卻仍能處之泰然？可能是純粹幸運，也可能與大腦的神經生物性連結比較無法處理危機狀況有關。**環境、基因、心理創傷或神經生物性巧合**——這幾點以及其他更多因素都決定我們如何應付造成心理負擔的經驗。

比如，有個經驗豐富的冬季運動員，小時候有次在高山上的陡坡下行時，遇到大濃霧，那次他用了很久時間才重新找到正確的路徑。當時他嚇壞了，但之後好幾次——即使條件不佳的情況下——他依舊持續滑雪運動。在他大約三十五歲左右，有次和幾個朋友來到瑞士滑雪勝地恩加丁（Engadin），當他站上滑雪道時，突然感到焦躁，隨即陷入恐慌，視線也逐漸變得模糊起來。同行的朋友費了好一番功夫才讓他重新恢復平靜。然而，為何偏偏這一次滑雪讓他陷入恐慌，而不是之前的好幾次？

心理疾病出現的頻率比許多人認為的來得多了。**超過三分之一的歐盟公民，每年都要經歷一次或更長時間的心理疾病。**「不知何時，但我們所有人都可能遇到。」德勒斯登工科大學

（Technische Universität Dresden）心理學家翰斯・烏爾利希・韋特咸（Hans-Ulrich Wittchen）說。年輕成人確診的病例略高於年紀較長者，社會階層較低者也是同樣的情況。此外，有三分之二的心理疾病在年輕時就有跡可循。「心理疾病對兒童和青少年的發展有非常嚴重的後果。」韋特咸表示。「據統計，罹患心理疾病的人較早脫離學校生活，社會學習較困難，並且容易得到焦慮症。」

　　對個人和社會而言，心理疾病會造成嚴重的健康及經濟負擔。即便如此，醫療照護資源依舊遠遠落後於現實需求。在美國，直到病患獲得妥適的治療，平均需要九年時間，而在德國平均是六年。在那之前，病患需要在不同醫生之間奔波，經歷過許多不同復健設備，往往還是找不到發病的真正原因。造成這種現象的原因當然也是因為即使是在工業先進國，牽涉到心理健康議題仍然呈現某種文盲現象。「學校裡面幾乎不教相關內容；輿論上，除了職業倦怠這類的例外，心理疾病也鮮少成為討論的議題，甚至在醫學院裡面，心理疾病的介紹也只是小小的篇幅。」韋特咸抱怨道。

　　二〇〇九年十一月，德國國家足球隊守門員羅伯特・恩克（Robert Enke）自殺事件後不久，心理疾病雖然一度引發熱議，但很快又平息下來，結果──對相關議題重視程度的改變當然也是微乎其微。二〇一八年初，德國職業足球員佩爾・梅特薩克（Per Mertesacker）受訪時提到，在他職業生涯活躍時

期曾經飽受心理壓力之苦，他埋怨道，足球運動是牽扯鉅資的競賽運動，但直至今日的足球界仍然不願意在照顧球員心理健康上投入精力與金錢。「不久前我曾經想拋下一切。尤其是事件剛過一個星期後，一切又像先前一樣運作。」在談他的隊友恩克葬禮後的那段時間時，梅特薩克如此評論。希望足球界能多點人性的討論，不只是好聽的話，還要有具體行動和改善措施——果然難以如願，一點改變也沒有。

　　研究人員目前已經找到一些使人心理容易受傷的性格特質，比如，對孩子過度保護，因而事事都想掌控的母親，可能增加情感排拒的機率，以及之後罹患焦慮症或憂鬱症的可能性。父母有憂鬱傾向的孩子，自己罹患憂鬱症的風險同樣也較大，但目前仍無法明確預測。至於為何有人因而生病，有人卻能倖免，也尚無明確解釋。

面對心理創傷的抗壓性

　　與人親近和肢體接觸而不感到慌張失措、有負擔以及壓力，是可能預防的嗎？似乎是不錯的想法——而且也確實有些證據支持這種想法。加拿大蒙特婁麥基爾大學（McGill University）的神經生物學家麥寇・米尼（Michael Meaney）在許多分子層面的研究上都提到，幼兒時期的經驗如何反應在身體上。他先以幼鼠做實驗，那些經常被舔身體和撫觸的幼鼠，

顯得比較不緊張。[1] 負責這部分情緒的基因會形成多少葡萄糖皮質素受體（Glukokortikoid-Rezeptoren），顯然取決於對母親的親近與依戀程度。

　　一隻受到許多肢體接觸的幼鼠，明顯會有較多人稱「壓力荷爾蒙」（Stresshormon）的皮質醇（Cortisol）結合點。因此牠在面對壓力情境時，比較不會出現過於激動的反應。這樣的幼鼠面對壓力狀況，雖然也會顯露出緊張的情緒反應，表現出來的明顯較溫和，因為相應的荷爾蒙很快會與許多繼存的受體結合、代謝，並因此變得無害。

　　這個重要發現目前也已經在人體上得到證實。**親近與關愛讓孩子心理更堅強，面對壓力也更有抵抗力。**充滿愛的肢體接觸有許多好處這點也已經得到科學證明。受到虐待或忽視，甚至在自殺的人身上明顯找到較少壓力荷爾蒙的結合點，因此這些人的身體經常受到更強烈的衝擊，同時也增加了罹病的風險。此外，精神病患者的身體抵抗力也是終生處於衰弱狀態。

　　不久前有個細胞機制解密，可望減少形成抑制壓力的葡萄糖皮質素受體的基因，這個新發現有助於治療幼兒時期的心理

---

[1]　Weaver SA, Diorio J, Meaney MJ: Maternal Separation Leads to Persistent Reductions in Pain Sensitivity in Female Rats. Journal of Pain 2007; 8: 962
Champagne FA, Meaney MJ: Transgenerational Effects of Social Environment on Variations in Maternal Care and Behavioral response to Novelty. Behavioral Neuroscience 2007; 121: 1353

創傷。[2]在分子層面也顯示，情緒暴力的影響甚至可及於基因與最小的信息素。許多專業論文也詳實記述，人際關係的緊密程度可以提高信息素的分泌，並降低其他因素的影響。因此，在理想的情況下可以讓人更輕鬆面對壓力。

　　情緒暴力是否在心理與生理層面留下傷害，一方面雖然與發生的時間點與強度有關，另方面，基因差異也扮演著重要角色。隨著基因組合與型態的不同，情感虐待與長期羞辱可能讓人終生都處於精神緊繃的狀態、容易被激怒，或造成其他身心上的各種傷害——但同樣的經驗也可能讓人輕鬆且精神狀態穩定地面對日常生活中的各種挑戰。[3]

　　「話雖如此，我們無法確知，為何有些人在嚴峻的逆境中仍能維持心理健康，有些人卻不行。」神經生物學家米尼不無自省地坦承道。「甚至在九一一恐怖攻擊，及奧克拉荷馬市爆炸案兩次事件後，分別都有將近百分之四十的當地民眾在接下來幾年內出現精神疾病——這樣的比例並沒有比其他時候多，

---

[2] Klengel T, Mehta D, Anacker C, Rex-Haffner M, Pruessner JC, Pariante CM, Pace TW, Mercer KB, Mayberg HS, Bradley B, Nemeroff CB, Holsboer F, Heim CM, Ressler KJ, Rein T, Binder EB: Allele-specific FKBP5 DNA demethylation mediates gene-childhood trauma interactions. Nature Neuroscience 2013; 16: 33

[3] Watkins LE, Han S, Harpaz-Rotem I, Mota NP, Southwick SM, Krystal JH, Gelernter J, Pietrzak RH: FKBP5 polymorphisms, childhood abuse, and PTSD symptoms: Results from the National Health and Resilience in Veterans Study. Psychoneuroendocrinology 2016; 69: 98

以區域而言，和其他地方也差不多。」雖然有不同的「預測因子」，也就是早期創傷基準，比如，出生時體重過輕或貧窮等，也可能提高精神疾病發生的機率。「但沒有任何一個因素可以單獨解釋為造成差異的原因。」米尼表示：「我們需要知道更具體的風險因子！」。

美國國家衛生研究院（Nationalen Gesundheitsinstituten der USA）的杰・季德（Jay Giedd）曾經在兒童和青少年的大腦中找尋精神上容易受到損害的線索。多年來他以核磁共振影像技術進行追蹤，並不斷改良研究方法，嘗試解開心理穩定度的謎團，仍告失敗。[4]雖然經常在精神病患者的大腦解剖中發現異樣，得以讓我們更了解這個疾病，但這並不代表每個大腦有這些特徵的人最終都會發病。[5]「而在這些影像中無法判斷出這是女孩的大腦、還是男孩的大腦。」季德說。他雖然發現一些使人精神較脆弱的線索，卻沒有證據加以證實。

[4] Mills KL, Goddings AL, Clasen LS, Giedd JN, Blakemore SJ: The Developmental Mismatch in Structural Brain Maturation During Adolescence. Developmental Neuroscience 2014; 36: 147

[5] Giedd JN: The Amazing Teen Brain. Scientific American 2015; 312: 32
Keshavan MS, Giedd J, Lau JY, Lewis DA, Paus T: Changes in the adolescent brain and the pathophysiology of psychotic disorders. Lancet Psychiatry 2014; 1: 549

本 章 重 點 回 顧

1. 決定羞辱和虐待是否會在身體及心理上留下痕跡的因素很多。受傷的種類、時間點與受害時間長短，以及與加害者的關係都很重要。此外，個人的資源、周遭環境及基因組合也都很關鍵。

2. 新近雖然在心理學、神經生物學及遺傳學等領域有許多個案發現可以使人更有復原力。然而，尚無法確切地預測為何有人心理較容易受傷，主要是因為這是傾向問題，而非明確的定義。

3. 早年的創傷往往導致早期、嚴重的傷害。那些在年老後才受到虐待的人，應該有足夠的機會讓精神維持穩定。不過，情緒暴力影響的時間長短也相當重要。比如，短時間的羞辱行為通常較容易被後來的經驗覆蓋過去，反之，長期的侮辱卻需要很長時間才能讓記憶消退。

4. 現在我們知道越來越多遺傳學與神經生物學要素，可以幫助我們建構足以抵擋衝擊的心理基礎。被善待，也能善待自己的人就很難被動搖。然而，存在基因和大腦裡的既定事實也並非無法改變。比如親近與關愛

就能刺激許多細胞與分子機制，使人有更長時間的抗壓力。

5. 好消息：即便是極大的痛苦也能加以處理，因為加害者或許早就無法不斷以強烈的羞辱與虐待傷害被害者。

第三章

留在心底的傷疤

不安全感與脆弱

女人說:「我就是覺得很痛」。「但如果你不讓傷害發生,就無法感受到伴侶關係中的親近與安全感」,愛上這個女人的男人回應道。「我沒辦法接受。」她停了一下,又說:「過去我受過太多次傷害了。」傷害她的不是其他男人,而是她的親生母親。她母親以前常看不起她,甚至有時會動手打人。

當她長大後想去探望父親,總要事先打聽母親是否在家。只有當母親不在家時,她才敢去看父親。終其一生,她都沒有與自己的母親和解。「但是只有讓人靠近自己,才可能與人建立親密關係。」男人說。這兩人雖然已經在一起好一段時間了,可惜美好時光並不長。她就是沒有辦法無條件的信任對方、把自己的心交出去。

　　不過，讓這位年輕女性感到羞辱、感到失望的難道只有她自己的母親嗎？父親的軟弱讓他在女兒受到母親的攻擊時，無法站出來保護孩子。在如此不穩定的關係中，從唯一還能有些許信任感的人那裡仍然無法感受到支持，再次動搖了原本已經受損的自尊。德州丹頓大學（Universität Denton）的心理學家里格斯表示：「**童年期間不斷體驗到情緒暴力的人，之後常表現出不安全的依附關係。這些人既膽怯又矛盾，而且會避免與其他人太過親近。他們一方面渴望與人建立親密關係，同時又極度害怕有人靠近他們。**」

　　這些人的關係常常不穩定，而且分手的機率更高。這類心理受傷的人和伴侶在一起時，從來不會真正感受到關愛與安全感。他們也很少完全相信他人，從來不會完全投入，反而總是猜忌和懷疑。畢竟最親近、最愛的人曾讓他們深感失望，他們又能從何處得到信任感？這類負面經驗消逝的速度很緩慢，有時甚至永遠不會消失。如此一來就不可能建立有信任感的伴侶關係。

　　在童年及少年時期遭受過情緒暴力的人，終其一生都很容易得到心理障礙及身體傷害。這些人之後也容易出現憂鬱症與焦慮症傾向。伴侶關係也較常出現衝突、惡意推諉以及較不願意對話與妥協的特性。

　　由於缺乏信任，並且害怕被遺棄或欺騙，因此可能從一開始就避免與人建立關係。他們的原則是，**與其讓自己遇到**

危險、再次受到傷害，寧願一開始就不讓其他人參與自己的
生活。於是，一輩子活在不安全感與保守付出情感的結果可能
是：只要不太過冒險，就能遠離衝擊。

　　情緒暴力被害者的另一種典型模式則是表現出完全相反的
行為：**被害者會提早並經常進入有風險的關係中，並且容易過
度為對方犧牲**。例如過於輕率或太快與對方發生性行為即屬此
類。被認同的渴望與長期看不起自己，最後成為一種致命關
聯，並且交互強化作用。這樣的人很少善待自己，畢竟他們從
來沒有體驗過受人尊重的感受，以至於最後相信自己也不值得
被人尊重。結果反覆讓那些傷害自己的人參與自己的人生。旁
人往往第一眼就看出那是段有害的關係，並且無法理解，為什
麼這個人選擇對象的眼光總是那麼差。

　　與人交往沒有克制情感地付出，而且匆促進入親密接觸階
段的另一種解釋是感到絕望的需求，想要「終於有所感受」及
消除如存在「棉花中」的麻木感。因此這些人的痛苦和快樂就
必須特特別濃烈。有些人在童年和少年時期受到情緒暴力之
後，便失去所謂的震盪能力。也就是，他們感覺空虛，無法感
受到共鳴，無論是令人高興的事或壞消息都無法激起他們的情
緒反應。他們也沒有深切的悲傷或極度興奮等情緒。無論是進
入一段為期短暫的情愛關係，或是很快與對方發生性行為，都
是對尋求親近感到絕望的跡象──以及，由於害怕再度受到傷
害，因而渴望體驗極度強烈的感情。

專欄

何謂心理穩定性？

　　醫學上與心理學上，心理穩定指的是**一個人可以調整情緒，與自己及周遭和睦共處**。舉例來説，對成功和滿足既不大喜，對於難關、挫折或偶爾受傷也不會表現出大悲，雖然聽來極端，卻是一種鎮定溫和的情緒狀態。與他人接觸同時也意味著，不會一有不滿就爆發怒氣、切斷關係或操弄別人，也不會刻意使人良心不安，或讓人產生罪惡感。

　　「心理穩定是面對動盪無往不利的方式。」海德堡大學附設醫院（Universitätsklinik Heidelberg）的馬庫斯・戌騰沃夫（Marcus Schiltenwolf）認為。「我們的人生從來都不會一直處於穩定狀態，因此穩定性指的尤其是適應能力。適應能力好，並且能面對動盪的人，通常活得較好，或者可以説，活得好的時間更長。」生命從來都不是讓人用在對所有毀謗、或如言論之類的攻擊、挑釁做出反應。永遠的施予者對自己並非好事。

　　人類會以不同的形式和行為模式來表現脆弱的情感架構。自戀的人受到輕微羞辱就會做出非常敏感的反應；易怒、衝動以及害怕失去的邊緣人性格則通常脾氣暴躁，並且反覆出現空虛的情緒——完全不是穩定的類型。

在幼兒時期有穩固的依附關係，並且在家庭環境中學習到如何面對危機的人，通常有較強的心理韌性。此外，特定的基因組合也能讓人降低面對壓力時的衝擊，以及更能忍受壓力。當人的心理狀態更穩定，就能讓人在遇到問題時不盡找別人究責，而是戰勝自己的觀點，知道自己也可能犯錯。這麼做一點也不簡單——因為還要有願意改變的好動力。

是精神上的小感冒還是嚴重的創傷？
——羞辱可以對我們帶來多嚴重的影響？

羞辱對個人可以帶來多「嚴重」的傷害，除了被害者本人的判斷和感受外，其實很難、甚至無法評估。舉例而言，對缺乏重視及連帶的不尊重感到失望，是否比公開的霸凌所帶來的羞辱還大？——或是相反？

「壓力源強度評估（Stressor-Stärke-Vergleiche）在科學上已經過時了。」瑞士蘇黎世大學心理研究所教授安德烈·梅爾克（Andreas Maercker）表示。心理壓力與精神上的負擔不像力量或速度這類可以客觀物理量化的事物。所有心理障礙，亦即所謂的「一般精神障礙」（Common mental disorders）都可能是情緒暴力的遲延效應。不過也僅是可能，不必然如此。

　　梅爾克和他在蘇黎世的團隊密集研究所謂的適應障礙（Anpassungsstörungen）。「這是目前為止一直被忽視，直到最近才逐漸受到重視的診斷類別。我喜歡稱之為精神上的感冒。但它也可能發展成慢性病。」

　　要專門診斷適應障礙並不容易。特別的是，在分手、職場遇到問題或是其他遇到像是換工作或搬家等變化時，對有適應障礙的人特別困難。他們會表現出焦慮或困窘感；其他症狀如持續暴躁的情緒狀態、社交退卻或鑽牛角尖。有些之前可以順利處理日常生活中大小事的人，進入新環境後就完全失控了。他們會突然對什麼事都提不起興趣，而且感到空虛，連過去多年的嗜好也不再能讓他們感到快樂，甚至會退出原來的社交圈。

本 章 重 點 回 顧

1. 經歷情緒暴力的人，往往難以維持長時間親密與穩定的依附關係。由於害怕再度感到失望與受到傷害，使得信任和關愛成為困難的事。

2. 經歷過情緒暴力後，有些人會盲目地付出。他們認為自己不值得珍惜，因此他們放棄自己──或者受到無止盡的渴望趨使，追求極度強烈的感受。

3. 情緒暴力可能引發適應障礙。可能原本日常生活中一切都很順利，一旦在生活或工作領域有所變化就會讓人完全失控──而且這些人往往表現出退縮、憂鬱的情緒或出其不意的攻擊性。

第四章

精神暴力如何造成生理疾病

　　不只在精神層面，情緒暴力也能在肉體上造成嚴重影響。它們會以不同形式、在不同時間出現，然而卻被醫學界長期忽視。這期間不斷有新的研究成果顯示，心理痛苦、虐待和其他創傷會在身體上留下痕跡。反覆遭受侮辱和忽視的人，他們體內的壓力軸線（Stressachse）總有一天會上升，於是他們持續處於壓力狀態，身體不斷傳送警報訊號。

　　經由大腦的調節迴路，下視丘（Hypothalamus）和腦下垂體（Hypophyse）會釋放出信息素，刺激腎上腺分泌更多如皮質醇和腎上腺素等壓力荷爾蒙。這種體內自有的持續性火焰讓人容易罹患各種疾病，比如，它會削弱許多器官的功能，加速動脈鈣化與硬化。此外，當羞辱不斷襲來，還會降低疼痛閾值與防疫力。心理創傷後，許多發炎指數會隨之升高，這也解釋了為何心理創傷後，心肌梗塞和癌症風險攀升的原因。發炎過程和信息素對這些疾病的形成有重大影響。

心靈衰弱連帶造成免疫力低下

情緒暴力對身體而言意味著純粹的壓力，而且不只是短期的、更是長期性的壓力。由於壓力等級不斷升高，無須外來病原體，便頻繁發生一些慢性發炎症狀。這些發炎反應，學術上的用詞稱之為「上調」（Hochregulierung），結果導致造成發炎的信息素，如介白素—六（Interleukin-6）的濃度持續升高。於是身體一直處於備戰狀態，但由於實際上並不存在如病毒或細菌等惡意侵入者，因此免疫系統就轉而攻擊自己的身體。細胞和器官會受到攻擊、功能受損並加速老化。

那些在羅馬尼亞希奧賽古統治時期的孤兒院度過單調童年的人，針對他們成年後，曾經有研究顯示，他們終生都容易受到細菌感染而致病。即使其中有些人在青少年時期能夠進入友善的家庭過著有庇護的生活，提早離開孤兒院中不得已的社會隔離生活很久了，也遠離當年折磨他們的區域範圍，多年之後對於疾病和各種發炎仍然較沒有抵抗力。他們的身體不僅更敏感，也更容易生病。

「倘若受到忽視、很早與父母分離，或受到其他形式的情感虐待，幼童更容易生病、死亡率大幅提高，認知及情緒發展明顯更緩慢。」柏林大學附設夏里特醫院（Charité in Berlin）心理學家莎賓娜・奧斯特（Sabine Aust）表示：「一旦壓力軸線長期被活化，就會使海馬迴（Hippocampus）受損。」

大腦也跟著受苦

　　海馬迴是中樞神經系統中處理情感最重要的結構。它屬於同時也被稱為「情緒大腦」的邊緣系統（Limbisches System）的一部分。在這裡，情緒被「加工處理」，對他人行為作出的反應即由此而生。當有幼童受到情感虐待，其海馬迴就會較同齡者小，而且功能嚴重受損。[1]**倘若童年早期受到羞辱或貶抑，理解、分類及表達情緒的能力終生發展不良。**[2]

　　人體對於引起焦慮的刺激與不舒服會做出比平常更極端的反應；細微的情緒表達更為困難。此外，也會使身體感受到的痛楚更為劇烈。小小的挑釁或無關緊的開玩笑就能引起很大的心理危機，因為心理抗壓力不好，情緒就容易失控。「處理痛覺與情緒的生物系統重疊的部分超乎想像地大。」心理學家奧斯特表示。因此，隔離和羞辱造成的不只是心理層面還有肉體上的傷害。

---

[1] Hanson JL, Nacewicz BM, Sutterer MJ, Cayo AA, Schaefer SM, Rudolph KD, Shirtcliff EA, Pollak SD, Davidson RJ: Behavioral Problems After Early Life Stress: Contributions of the Hippocampus and Amygdala. Biological Psychiatry 2015; 77: 314

[2] Tottenham N, Sheridan MA: A Review of Adversity, the Amygdala and the Hippocampus: a Consideration of Developmental Timing. Frontiers in Human Neuroscience 2010; 3: 68

　　不過，人在遭到拒絕後如何回應，以及如何處理遭受拒絕後產生的壓力，也與基因差異有關。倘若GG基因型有經由大腦到腎上腺的途徑調節壓力荷爾蒙皮質醇釋放的特性，那麼幼兒時期的心理創傷就有很大的機會在青少年或成年後發展成憂鬱症或其他心理障礙。AT基因型變異則反之在某種程度上，保護人類不會過快做出情緒失控的表現，同時也較有同理能力、社交能力也較為活躍。[3]

　　後來的心理治療，也能重新修復因為壓力造成損傷的海馬迴，或至少降低後果的嚴重性。「每周幾個小時的密集治療可以讓相應的大腦結構重新長出來。」兒科醫師布里須表示。令人安心的訊息是：大腦與其他部位的神經系統有驚人的再生能力，即使成年後也能加以改變。這種轉變能力被稱為可塑性。然而，傷害越大、受害時間越長，以及援助來得越晚，復原之路就更困難，也需要更久的時間。

　　對於如何協助受過傷害的心靈，在不愉快的經驗發生過幾年之後，仍能找到安全感與信任感，心理治療訓練的醫師間

[3]　Fuge P, Aust S, Fan Y, Weigand A, Gärtner M, Feeser M, Bajbouj M, Grimm S: Interaction of Early Life Stress and Corticotropin-releasing Hormone Receptor Gene: Effects on Working Memory. Biological Psychiatry 2014; 76: 888

Grimm S, Wirth K, Fan Y, Weigand A, Gärtner M, Feeser M, Dziobek I, Bajbouj M, Aust S: The interaction of corticotropin-releasing hormone receptor gene and early life stress on emotional empathy. Behavioural Brain Research 2017; 329: 180

流傳著一種美好說法：「擁有幸福童年，永遠都不會太遲。」這句話指出，**精神上的傷害與羞辱不見得會一直是深刻的傷口。**[4]精神病學家班·傅爾曼（Ben Furman）引許多例證指出，經歷過艱苦的童年後仍然有可能得到圓滿的人生，而且令人驚訝的是，通常無需粉飾那些負面的過往記憶。雖然人生的開始並不好，仍然有許多人感受到也經歷到能幫助他們、讓他們變堅強，以及他們心理上的自我療癒力。

羞辱、貶低如何傷害心臟及其他器官

「那真讓我不舒服！」當人生不順或面臨挑戰時，這句話很容易從我們口中溜出。最近專家學者發現這句話的意義，以及**精神上的困境與心理上的窘迫狀態不只會帶來焦慮與憂鬱，還會造成肉體上的傷害**。精神與肉體上的損傷息息相關。許多疾病都可以溯源到情緒暴力，而且新近也有越來越多這些疾病背後的病理生理學、細胞或分子機制解密證實這一點。幸好，這部分早已不是心理專業專屬的範疇，許多過去被認為「堅硬」的學術領域也開始研究這個議題。

二〇一七年十二月在美國達拉斯，由美國心臟協會（American Heart Association，簡稱AHA）主辦，全球最大的心

---

[4]　Furman B: Es ist nie zu spät, eine glückliche Kindheit zu haben. Dortmund 2013

臟病學家與血管專家的會議上，也有醫師提到，幼年受到虐待與霸凌，或情緒暴力的經驗，都會提高成年後**心肌梗塞與腦中風**的機率。同時，其他心血管及器官罹病的風險也大幅提升。與會醫師提出不同的機制，說明不好的經驗如何引發後續疾病。[5]肉體敏感度提高也導致那些精神上嚴重受到傷害的兒童與青少年，後來較容易養成不健康的生活習慣：他們攝入的飲食較不健康、活動較少、容易做出危險行為，而且容易發展成**體重過重、高血壓與糖尿病**。這個危害健康的鐵三角可說是引發早期血管或其他器官傷害的主要原因。

　　從以上三種疾病開始，後續可能引發其他如冠狀動脈鈣化、心肌梗塞、腦中風與血管問題等疾病。有些說法如「心情不好就爆食」或「情緒沮喪就喝得爛醉」聽起來似乎不明智。然而這兩種說法都不足以說明，因為心理負擔造成的暴飲暴食，如何轉變成不健康的行為，並且成為精神痛苦的一種補償方式——而且通常是有害的補償方式。不健康行為的惡性循環與罹患疾病的趨勢於焉形成。

　　童年時遭到虐待或其他精神上的不良經驗也會造成成年後血壓升高的現象。比起那些沒有經歷過虐待的女性，童年時期

5　Doom JR, Mason SM, Suglia SF, Clark CJ: Pathways between childhood/adolescent adversity, adolescent socioeconomic status, and longterm cardiovascular disease risk in young adulthood. Social Science & Medicine 2017; 188: 166

遭受過虐待的女性，其高血壓的比例甚至高出四十三％。[6] 然而，敵意和情緒暴力對心血管系統與新陳代謝造成傷害的相關細節，目前尚未得到進一步澄清。推測應該是壓力較大，因而增加人體的負擔。其中可以理解的是，精神上與肉體上對不愉快的經驗所做出的反應，會活化發炎細胞與壓力荷爾蒙，使得血管壁、血管結構與器官持續受到攻擊。

　　此外，已知長期的壓力，以及在脾氣爆發或激烈辱罵的情況後，反覆出現的極端壓力高峰期，都可能損害**免疫防禦系統的作用、新陳代謝、神經系統的增生與荷爾蒙平衡**。如果這些損傷很早就出現，而且很嚴重，甚至可能妨礙兒童的發展。

　　「悲劇在於竟然有兒童必須遭受那些創傷經歷。」美國亞特蘭大埃默里大學（Emory University）的傳染病學家夏綺拉‧蘇格利亞（Shakira Suglia）表示，她曾經參與損害評估。「我們這裡談論的是遭到肉體或性虐待，或經常目睹暴力的兒童與青少年。可惜這些負面經驗的不良影響在事件結束後不會停止，而是還會持續好幾年。」在情緒暴力被害者身上也發現類似情形。

---

[6] Suglia SF, Koenen KC, Boynton-Jarrett R, Chan PS, Clark CJ, Danese A, Faith MS, Goldstein BI, Hayman LL, Isasi CR, Pratt CA, Slopen N, Sumner JA, Turer A, Turer CB, Zachariah JP: Childhood and Adolescent Adversity and Cardiometabolic Outcomes: A Scientific Statement From the American Heart Association. Circulation 2018; 137: e15

　　因此最重要的目標在於最初與二級的防治，如蘇格利亞所說：「最理想的情況是我們不讓這類事件發生——萬一發生時，則必須盡力減少這些事件對健康造成長期危害。」

　　英文中以「逆境」（Adversity）這個概念指稱敵意或其他負面經驗。這個概念包含所有可能對兒童的肉體與精神安全造成威脅，或撼動他們的家庭與社會結構的情事。這些情況又包含情緒、肉體或性虐待、忽視、霸凌或同齡人的侮辱、家庭暴力，同時也包括父母離異或父母任一方的亡故。如果父母有吸毒問題，或是兒童生活在犯罪率高的區域、無家可歸、歧視與貧窮，或是社會階級較低的族群，據統計，同樣也會提高罹病風險。

　　倘若將敵意的定義延伸套用在情緒暴力上，則在富裕的工業國如美國與歐洲也都有將近百分之六十的民眾表示，自己在童年有過類似的負面經驗。這其中更有超過一半的人至今仍在精神上承受這些傷害所帶來的負面影響。而在那些受到戰爭、飢荒、逃亡與驅逐的地區，精神上受害的比例當然也更高。

　　這當然不表示，那些情緒暴力的被害者一定會馬上出現奇特的行為舉止，或表現出心理壓力與肉體傷害等徵兆。有時，這些傷害或造成的問題會在遇到更大的壓力或極端狀況時，也就是當生活處境更糟時才會出現。肉體與精神症狀交互重疊：比如被害者在工作上容易不順，認為自己很快就會受到解雇的威脅，因此出現背痛或心臟問題。也可能由於害怕另一半會離

他而去，因此在他們每次與另一半吵架後，反覆出現頭暈的現象。經驗豐富的醫師稱這種現象為：「缺乏面對意外衝擊的穩定性。」當生活處境更艱難時，問題與傷害才會浮現。

然而，早就不是每個在敵意的環境中長大，或遭受到情緒暴力的兒童，都會提早發生血管栓塞或新陳代謝不良的問題。顯然有一連串，包含文化與社會層面的生物與環境相關的防護機制，可以降低或防止罹患疾病的風險。這個機制可以強化，以更好預防與保護兒童不因早期的暴力經驗而受到有害的長期影響。

不過目前尚未有健全的規範或作法建議，讓醫師可以盡早診斷出受害的患者——就這個方向而言，在研究領域顯然仍有許多需要改進的地方。目前為止有許多零散資料證實，情緒暴力與其對健康造成傷害的後遺症之間的關係。並且，許多跡象都表明，這個問題實際上有多嚴重——以及到底有多少人受到危害。因此，對於肉體上不明原因的病痛也應該思考，或許情緒暴力正是背後的真正原因。

心碎症候群

我們早就從俗話中得知心也會破碎——而科學是前不久才有這方面的發現。一九九〇年一群來自日本的醫生，首次提到諸如情緒性壓力、焦慮、哀傷與衝突可能對心臟造成嚴重的

影響。透過超音波及其他影像技術，這群醫生發現有些病患的心臟經常出現異常的收縮現象。由於收縮的型態讓他們聯想到日本傳統捕捉章魚時使用的器具章魚壺的樣子，所以他們將這個疾病命名為「章魚壺心肌症」（Takotsubo-Syndrom）。[7]這個病症有另一個更為人所知的名稱為「心碎症候群」（Broken-Heart-Syndrom）患者會感受到劇烈疼痛與胸悶的症狀，並且會有呼吸急促、心跳減弱的現象。心電圖也會出現明顯變化，因此初期常被診斷為心肌梗塞。往往只能透過心導管（Herzkatheter）才能檢查出與心肌梗塞的差異。然而，相較於心肌梗塞，心碎症候群患者的冠狀動脈大多暢通，並無阻塞情形。這種病症的發生原因據推測，應該是最小的血管出現暫時痙攣的現象，使得血流不順暢，甚至可能導致威脅生命安全的心臟衰竭。[8]一般住院幾天幾乎就可痊癒。但這些患者無論如何可不是故意裝病！

與此同時，對於心碎症候群的研究又得到一個有趣的意外發現。蘇黎世與德國的醫師群提到，不只是負面壓力，而

[7] Vidi V, Rajesh V, Singh PP, Mukherjee JT, Lago RM, Venesy DM, Waxman S, Pyne CT, Piemonte TC, Gossman DE, Nesto RW: Clinical characteristics of tako-tsubo cardiomyopathy. American Journal of Cardiology 2009; 104: 578

[8] Regnante RA, Zuzek RW, Weinsier SB, Latif SR, Linsky RA, Ahmed HN, Sadiq I: Clinical characteristics and four-year outcomes of patients in the Rhode Island Takotsubo Cardiomyopathy Registry. American Journal of Cardiology 2009; 103: 1015

專欄

案例分享

　　從父母那裡，她幾乎聽不到一句好話。不會有讚美、一點也不親近、更沒有鼓勵。她記憶中不是被責罵就是說教。父親經常跟她說：「妳真沒用，真該把你丟到毒氣室毒死算了。」從很小她就要幫家裡做事，她也覺得理所當然，因此也就不曾期待有人感謝她。

　　這些事雖然過去很久了，但離開住了幾天的加護病房後，這位六十七歲的婦人再度回想起來了。她現在待在復健中心，因為「醫生說不是心臟的問題，心臟可強健得很。」

　　那天她是因為疑似心肌梗塞送進醫院的。當時胸口很痛、呼吸急促，還有在院子裡突然感到一陣暈眩，這些都符合心肌梗塞的症狀。救護車很快抵達，到院後醫護人員也馬上趕來救助她。然而，檢查結果卻顯示沒有冠狀動脈狹窄的現象，心肌供血狀況也正常。「就只是壓力太大，醫生這麼跟我說。」病患回憶道：「現在又突然全都沒事了。」

且──極少數情況下──正面壓力也會對心臟造成影響。[9]他們並為這個疾病找到一個令人印象深刻的名字:「快樂心臟症候群」(Happy-Heart-Syndrom)。「可能是因為生活上開心或悲傷的事情以極為相似的歷程作用在情緒與身體上。」蘇黎世大學附設醫院(Universitätsklinikum Zürich)的心臟病學家,同時也是這項研究的著作者葉蕾娜・嘉德里(Jelena Ghadri)表示:「醫生遇到有心臟病的病患時應該要把這點也列入考量。」

　　醫學家分析了全歐洲超過一千七百名疑似患有章魚壺心肌症的病患。其中四百八十五名患者的唯一致病原因正是情緒問題。超過九十五％在發病前剛經歷過負面事件,反之僅有約四％經歷過正面事件。目前為止,醫學家對這個疾病的認識──如果有的話──主要來自病例報告,該次是此類研究最大型的研究計畫。令人驚訝的是,這兩組病患,無論是被診斷出「快樂心臟症候群」的個案或是較多數的「心碎症候群」,在臨床發現或是研究結果都表現出類似症狀。

---

[9] Ghadri JR, Sarcon A, Diekmann J, Bataiosu DR, Cammann VL, Jurisic S, Napp LC, Jaguszewski M, Scherff F, Brugger P, Jäncke L, Seifert B, Bax JJ, Ruschitzka F, Lüscher TF, Templin C; InterTAK Co-investigators: Happy heart syndrome: role of positive emotional stress in takotsubo syndrome. European Heart Journal 2016; 37: 2823

　　「我們推測，章魚壺心肌症是一個相互交織的反饋迴路典型例子。」心臟病學家克里斯提安・滕普林（Christian Templin）表示。「精神與肉體上的刺激，也就是心臟和大腦的交互作用——最後悲傷的或美好的事件在中樞神經系統中共用同同一條處理情感的路徑。」

　　多數有心肌症問題的都是女性。她們似乎較容易受到情緒的狀態影響。她們其中還有一小部分並未經歷特別深刻的負面經驗，而是在不久前剛發生過快樂的事情，因此研究人員也只能以特別開心的情緒作為這個危險的心臟問題的唯一解釋。

　　有時候就是好事太美好了，比如為兒子的婚禮感到開心、與睽違五十年學生時代的好友相聚、終於當祖母的喜悅、總是戰績不佳的最愛球隊終於贏了一場比賽、研究團隊成員說要舉辦離職派對、自己的生日、求職面試過程很順利時，或是為了核磁共振成像的結果平安無事，感到心中放下一塊大石頭。諸如以上這些事件不只讓人情緒興奮，還可能在肉體上留下痕跡。情緒的衝擊顯然可以把人的心臟勒得緊緊的。只是這裡不能說情緒暴力，而是情緒亢奮。

長期照顧：家屬自己也生出病來

　　心肌症的問題，有時也發生在過於開心時——追溯起因是心臟當下處於緊急狀態。當負面情緒持續帶給人壓力，心臟的

功能就會反應出那些負面情緒對健康造成的危害。伴侶關係或家人之間的相處，演變到針鋒相對時，對心臟以及其他器官系統的影響尤其劇烈。可以說，幾乎全身都可能受到影響。

醫學技術的創新與進步也顯示出這種現象。美國心臟病學家於二〇一八年進行研究，人工心臟移植手術對接受移植的病患與他們最親近的親屬造成的影響。結果發現，手術後接受左心室輔助幫浦（LVAD）的病患明顯變好了。然而，因為這些病患非常仰賴承擔照護責任的家屬的照顧，使他們心理承受極大壓力，於是這又反過來影響他們的心臟健康。由於他們為心愛的人過得好不好感到焦慮，明顯又加重他們感受到的壓力。

負面情緒如擔憂或不安會造成身體的衝擊。有研究指出，當精神壓力過大時，負責照護病患的家庭成員，他們的**免疫防禦力會受到嚴重影響**。防禦力虛弱的情況非常具體：相較於無須擔任照顧者的同齡人，由於人類皰疹病毒（Herpesviren）或艾伯斯坦—巴爾病毒（Epstein-Barr-Viren）的作用，使照顧者早就不那麼健康。因此，長年照顧家中的失智症患者的人，皮膚表面的傷口癒合較慢也就不足為奇了。

一些慢性病，如阿茲海默症、帕金森症、某些腫瘤或多發性硬化症，這些病患的家屬都知道患者情況只會越來越糟，更無法期待治癒的可能。感受或察覺所愛的人的精神狀況（或身體機能）持續退化，會造成一種特別沉重的精神壓力。

　　導致照顧者健康受損的因素很多：當知道親人不可能療癒時，就會增加罹患**憂鬱症**的傾向。因為照護需要付出很多時間與密集的關注，使得照顧者無論是與他人接觸，或是社交與工作上的活動會受到限制，免疫力與身體健康也會惡化。

壓力如何傷害我們的身體？

　　壓力主要是神經問題，長期性的壓力確實會影響全身。醫生雖然知道，當人持續受到情緒衝擊，並且無法自我保護時，會造成心臟問題越早發生、血管阻塞，而且幾乎所有器官都會受到損害。但為何是免疫系統或痛覺受到損害，一下子是背部、一下子又是胃或心臟，目前還無法知道更多細節。專家學者不久前也指出，長期的壓力可以經由大腦調控影響及於全身，並造成不同器官，尤其是心臟與血管的病變。[10]

　　由阿默德・塔瓦寇（Ahmed Tawakol）帶領的哈佛醫學家團隊以近三百名中年人為對象進行研究。這些深受嚴重壓力所

---

[10] Tawakol A, Ishai A, Takx RA, Figueroa AL, Ali A, Kaiser Y, Truong QA, Solomon CJ, Calcagno C, Mani V, Tang CY, Mulder WJ, Murrough JW, Hoffmann U, Nahrendorf M, Shin LM, Fayad ZA, Pitman RK: Relation between resting amygdalar activity and cardiovascular events: a longitudinal and cohort study. Lancet 2017; 389: 834

苦的研究對象，大腦深處的杏仁體（Amygdala，又稱杏仁核）的神經活動攀升的趨勢。此外，這些研究對象的靜脈也有嚴重硬化與血流不順暢的現象。杏仁核是我們情緒大腦的一部分，主要負責處理恐懼與憤怒等情緒。當人類遇到壓力情境時，杏仁核會馬上發出訊號到脊髓與其他身體部位，體內的白血球與其他發炎物質也會隨之增加。

無須病菌或任何感染──也就是，不用外來的病原體侵入，慢性炎症即以這種方式在人體內活躍起來。這個被醫學界稱為發炎的過程一直是無所不在地攻擊我們身體的來源，它可以侵襲與損害我們體內的每個組織，尤其是讓動脈壁硬化與變厚。當血管過早因為變厚與鈣化而導致血管收縮，就離諸如狹心症（Angina pectoris）、心肌梗塞或腦中風這些病症不遠了。

然而，因為壓力造成的慢性發炎不只會在血管中作怪，如果它們在體內停留的時間夠久，還可能傷害所有組織與器官系統。特別的信息素，即所謂的發炎介質（Entzündungsmediatoren）會促發整個人體拉起警報。當介白素、腫瘤壞死因子α（Tumor-Nekrose-Faktor alpha）和C反應蛋白（C-reaktiven Protein）的數值上升時，發炎介質顯得較為活躍，而且發炎也會刺激體內的防禦反應。這些物質不只本身具有攻擊性，它們還會刺激其他對人體自身進行破壞的抗體與免疫細胞。

這是許多不同的信息素、細胞與自體防禦反應共同的傑作，而這種機制之所以運作良好，主要是因為一般情況下它是

壓力會使人生病

　　當心理壓力長期攀升，或不斷面對精神上的衝擊，只會對身體造成不良影響：這時信息素與發炎細胞開始活躍起來、荷爾蒙數值出現變化、疼痛閾值降低。每個人都有各自的弱點，也就是精神上受到衝擊時，最先受到影響的地方。比如，壓力荷爾蒙與發炎介質可能攻擊胃，削弱胃黏膜保護胃不受胃酸侵襲的能力。一開始因為胃食道逆流，出現反酸水現象，最後症狀越來越嚴重，終於導致胃潰瘍。

　　另外有些人則是血管先出現狀況。壓力荷爾蒙與發炎現象讓血管壁硬化，使得血管失去彈性，對於血壓波動無法適度調節流量。此外，靜脈鈣化與堵塞，漸漸使得血流不順暢。接下來，就有可能演變成動脈硬化、心肌梗塞與腦中風等疾病。

　　除此外，長期性的疼痛也可能是壓力造成的。骨頭也是不斷處於增生或流失狀態、活生生的組織，因此也容易受到壓力荷爾蒙與發炎的影響。隨著疼痛閾值降低與肌肉張力升高則可能演變成長期性的疼痛。比如背部疼痛就不單只是人體機能問題，而常是因為職場上的精神壓力導致的結果。

如果有人長期壓抑自己的想法，並且經常感覺不受重視，那麼他身體酸痛的機率往往特別高。工作上沒有進展，或是在同事與上司間不夠受到認可，即所謂的滿足危機（Gratifikationskrise），往往是導致目前為止明明健康又無病痛的人罹患長期性腰背疼痛最常見的元兇。

幫助我們的身體對抗外來的侵略：分泌更多壓力荷爾蒙、活化防禦細胞並增加其在體內的濃度，而且，防禦細胞中的攻擊物質還會提高它對抗外來侵略時的能力。這個組織良好的防禦機制不僅強而有力，還能在最短時間內提升防禦力——唯一的缺點是，當有壓力造成發炎現象時，這種防禦機制的能量會反過來攻擊自己的身體。

研究人員透過腦及身體其他部位的掃瞄證實，隨著發炎物質濃度的增加，杏仁體也會更活躍。臨床上也一再顯示，倘若持續觸發杏仁體，使之一直處於警報狀態，則參與實驗對象的血管會受到更嚴重的損害，並且心肌梗塞的風險也會提高百分之六十。

「就像在找其他心血管疾病的風險因子一樣，醫生診療時也應該探詢病患是否有長期壓力問題，並針對這個方向調整治療方式。」塔瓦寇表示：「針對性地降低精神壓力不僅可以帶來幸福感，還能明顯改善健康。」

　　在早期的研究分析中，英國的醫學家匯集了全球大量的統計數據證實，精神壓力和負面情緒導致心肌梗塞或腦中風的風險，幾乎與吸菸一樣，甚至還高於高血壓、高膽固醇和糖尿病等一般人認定的高風險病症。[11] 在職場、家庭或伴侶關係中，因為壓力與不滿足所帶來的負荷使得心肌梗塞的風險係數上升至2.67。僅稍微落後於吸菸這個眾所周知的風險因子（風險係數2.87），但仍高於糖尿病（風險係數2.37）與高血壓（風險係數1.91）。

　　「過去十年來，有越來越多人抱怨每天壓力很大，可能是工作量變多、工作不穩定或是遇到棘手的狀況，」荷蘭萊登大學（Universität Leiden）的依兒則‧波特（Ilze Bot）說道，她同時也呼籲醫學界同行：「我們日常的醫療行為應該要更著重這一點。」畢竟已經有許多跡象顯示，我們腦中的壓力也會對心臟造成很大的負荷。[12]

---

[11] Yusuf S, Hawken S, Ounpuu S, Dans T, Avezum A, Lanas F, McQueen M, Budaj A, Pais P, Varigos J, Lisheng L; INTERHEART Study Investigators: Effect of potentially modifiable risk factors associated with myocardial infarction in 52 countries (the INTERHEART study): case-control study. Lancet 2004; 364: 937

[12] Bot I, Kuiper J: Stressed brain, stressed heart? Lancet 2017; 389: 770

本 章 重 點 回 顧

1. 情緒暴力會以許多方式對身體造成影響，而且影響可及於所有的器官系統。再者，羞辱與貶低可能損害免疫系統，並使人對痛苦的感受更敏感，也會妨害傷口的癒合。於是，長期遭受情緒暴力之害的人更容易感染病菌。尤其是可能在沒有病原體的情況下，讓不同的器官發炎。

2. 情緒虐待也可能改變大腦。尤其是讓大腦結構中負責處理情緒和經驗的那部分發展較差。受到影響的人較難承受環境的改變與突然的壓力。

3. 每個人都有特別容易帶來壓力的弱點，尤其經常發生在心臟、胃與背部，而且造成損害的機制很多元。

4. 情緒暴力對心臟造成的影響包含動脈快速鈣化、較沒有彈性、血液濃稠，並且血管變窄。心肌梗塞與腦中風，還有心律不整都是可能的後果。

5. 骨頭是有生命的組織，長期受到侮辱及負面經驗也會為骨頭帶來傷害。升高的壓力荷爾蒙指數會傷害骨頭。此外，焦慮與緊張會導致肌肉僵硬及肌肉收縮，而這兩種肌肉問題剛好都容易誘發背部疼痛與其他外科方面的疾病。

第五章

兒童易成為情緒暴力被害者

從出生的那一天起嬰兒就能感受到自己是否安全、舒適。他們的第一個語言是撫摸,而且對周遭氛圍的變化特別敏感。如果缺乏關愛,嬰兒的身體會很快做出反應。於是,嬰兒更容易激動、不安、愛哭,而且整個身體繃緊,顯得緊張。他們對接觸到的情緒有敏感的天線。

當嬰兒的需求沒有得到回應

「當嬰兒無法引起母親的注意時,他們會馬上察覺。」海德堡大學附設醫院心理學家安娜—蕾妠·齊特羅(Anna-Lena Zietlow)說道。她曾在一場演說中出示一段影片,影片中鬱鬱寡歡的母親令人印象深刻。齊特羅提到:「這類負面回應的結果影響非常廣泛,比如高度緊張和強烈的壓力感。」

倘若母親很少接觸她們的孩子,或是鮮少互動,對幼童時期的發展會產生許多影響。對此,齊特羅表示:「這些孩子在

專欄

沒有親近與連結

母親以空洞的眼神望向遠方，或更確切地說：她在放空。因為那裡什麼也看不到，房間裡也沒有太多可以讓人分心的物件。讓人幾乎一不小心就會忽略，原來她面前還有一個看來應該只有幾個星期大的嬰兒。儘管嬰兒——她自己的孩子——用盡氣力想引起母親注意，想辦法與母親至少有個眼神接觸。小嬰兒笑著、奮力舞動雙臂、伸展自己的身體，並想盡各種方法著讓人注意到他。然而，依舊什麼都沒發生，那個母親就是沒有做出回應，放任嬰兒繼續掙扎著。小寶寶終於失望地停止嘗試得到母親的關注，同時他的臉部表情也發生了變化。寶寶的表情變得呆滯，看起來像是內心被澆熄了一般。

認知與情緒層面的發展通常比同齡人緩慢。」她繼續說道：「他們的**智商**也較低，在**語言與睡眠**上也有更多問題，而且到了青少年時期容易出現**過動或憂鬱傾向**。」目前已有許多科學研究成果證實，可能在身心層面造成各種傷害。

由於幼兒時期的依附關係一旦出現障礙可能造成嚴重後果，因此，即使「嬰兒憂鬱症」（Baby-Blues）的名稱聽來可愛，也絕不可低估新手媽媽遇到的產後憂鬱症問題。無論是醫

生或外行人經常把產後憂鬱問題視為暫時的悲傷狀態，認為症狀來得快也去得快，事實上卻早已不是如此。這種憂鬱狀態有時持續很久，使得為人母者變得麻木無感，幾乎無法對自己的孩子做出任何回應，也使得孩子不顧一切地想引起注意。

　　讓這些母親觀看影片中自己冷漠的表現，她們通常會對自己太少接近自己的孩子與忽略他們的行為感到訝異。這樣做雖然有點幫助，「然而，接下來與孩子的關係並不會因為憂鬱症狀緩和而有所改善。」對一個迄今為止常見的錯誤認知，齊特羅如此說明道。這些母親通常在看過影片後情況稍有改善，但孩子仍可能繼續在情感上受到忽視。

　　新近在許多城市出現一些以父母為目標對象的「教育訓練」課程。或許是太多人的童年都有過不好的經驗，才必須在這些課程中學習如何與自己的孩子建立穩固的關係、理解他們的情感需求，並以此為基礎做出適當回應。[1]許多父母一開始不知道孩子需要什麼以及該如何與他們相處，他們甚至無法理解正常嬰兒會有哪些表現，以及嬰兒號哭不一定就表示他們有緊急需求。

---

[1]　在德國有許多城市提供名稱如「安全：給父母的安全訓練」（Safe-sichere Ausbildung für Eltern）的課程。

一輩子被看不起的感受

　　三十多年前，女人從羅馬尼亞來到德國。她在這裡有了自己的家庭，還有兩個目前已經長大成人的女兒。她的丈夫幾年前過世了。即使過了那麼多年，她仍經常想起小時候被養母痛打和羞辱的那些往事。她的內心沒有機會發展出穩定的心理狀態，沒有任何一個時、地能讓她有安全感，因此她一輩子一直都是個膽怯的人。

　　由於無法與自己建立良好的關係，在她兩個女兒都搬出去，加以另一半過世後，她的生活出現嚴重的空白。女人不斷背負著小時候從養母那裡遭受到的情緒暴力。在醫病關係中，她需要與人親近與強有力的支持，才有機會逐漸找回對人的信任感以及掌控自己人生的感受——而不是被動地忍受人生中那些惱人的局面與命運的打擊。她必須先學會發展出被心理學家稱之為「自我效能」（Selbstwirksamkeit）的自信。

以愛撫取代冷漠以對

　　對新手爸媽來說，沒有什麼比連續夜裡被孩子打斷睡眠更令人頭痛的事了。這甚至讓他們願意在感到絕望前做一切努

力。然而，從祖父母那裡常聽到的建議是：「就讓孩子哭吧！反正你們又沒有什麼損失。」這簡直是不合時宜的暗黑教養方式。這個說法的錯誤邏輯是，孩子只是無聊亂哭喊，目的是為了用哭聲把母親或父親立刻吸引過來。我的建議是反向操作，不要讓不好的舊俗惡習繼續流傳下去。

　　上述說法對嬰兒心思的揣測不僅殘忍而且錯誤。多數幾個月大的嬰兒無法連續睡上八個小時，而且他們還要過些時候才能發展出日夜之別的生理節奏，甚至有許多嬰兒幾個小時沒吸到母奶就又餓了。要嬰兒發展出入睡儀式、自我安撫以及重新找回奶嘴，這些都是他們更大之後才能學會的事。

　　「德國的父母總是擔心會把孩子寵壞。」兒科醫師布里須表示：「就我們所知，通常是讓孩子等待太久，他們才會哭鬧較久。他們並不是為了讓爸媽馬上回應他們才哭鬧不停。」因此醫師一致建議，盡快安撫正在哭鬧的寶寶。「嬰兒的哭泣是給父母的明顯訊號：他們需要受到關注，希望引起別人注意——總之，就是需要愛。」慕尼黑大學醫院附設豪訥兒童醫院小兒科醫師佛洛里安·海納（Florian Heinen）表示：「父母的不安，以及沒有依據的鄉野傳說建議只會帶來不良影響。」

　　布里須還原某些父母採取的冷酷做法，應該是來自納粹時代粗劣的育兒建議：「當時的為人母者人手一本喬安娜·哈勒（Johanna Haarer）寫的《德意志母親與她們的第一個孩子》（*Die deutsche Mutter und ihr erstes Kind*）。」那本書上明確寫

到：如果嬰兒已經包好尿布，也餵飽了，就把他們放回自己的小床上，之後無論如何整晚都不要再進到嬰兒房裡，不然會把孩子寵壞。就算孩子哭鬧，就隨他吧！這麼做還能強化肺部功能——哈勒畢竟是肺部專科醫師，所以她才會這麼認為吧！

然而直到一九七〇年代，仍許多女性在婚禮上得到哈勒醫師這本書作為新婚禮物。殊不知這本書自從一九四六年以來，幾乎沒有再修訂過。只是換了個書名《母親和她們的第一個孩子》就可以不斷再版。這本書剝奪了幾個世代孩子的情感與愛，讓他們在無愛的環境下長大。對自己提出的育兒法，哈勒毫不修飾地形容為「冷漠以對」（Kaltstellen）。

現在我們都知道，這種方式非但無法使孩子入睡，還讓他們特別感到挫折與不安。就如布里須所說：「他們的大腦會很快切換到緊急狀態，就像動物受到重大威脅時，會做出裝死反射以求生存一樣。」事實上，寶寶經過幾晚哭泣都無法得到想要的回應後，他們很快就會停止再次做出要求親近的嘗試。這並不是因為他們喜歡單獨待在自己的小床上，而是因為他們感到絕望。如此一來，對大腦的發展造成不良影響，而這個孩子也無法學會面對壓力。

演化生物學家傑瑞德・戴蒙（Jared Diamond）曾經提過，在許多傳統社會中，小孩哭鬧時母親會馬上做出回應。[2] 就連

---

[2] Diamond J: Vermächtnis: Was wir von traditionellen Gesellschaften lernen können. Frankfurt a. M. 2012

背負嬰兒，也就是持續的身體接觸，在那些國家也比在德國更被視為理所當然。可以說，原住民族通常以更直覺、就長遠來看也更健康的方式對待他們的小孩，而且顯然他們也沒有因此疑慮會把孩子寵壞。

不理會夜裡嬰兒的哭聲，不只在德國幾乎被視為「第三帝國」（Dritten Reiches）時代留下的傳統而被普遍接受，在其他歐洲國家也很常見。可見過於寵溺小孩是西方國家許多父母最害怕遇到的情況。剝奪夜裡的關愛與撫慰從來都不會是孩童的需求。「兒童需要可靠的身體接觸，以滿足精神上的基本需求與降低壓力。」巴伐利亞州立幼兒教育研究所（Staatsinstituts für Frühpädagogik）所長法碧安娜・貝克─史托（Fabienne Becker-Stoll）表示：「唯有如此，他們才能與父母以及未來與其他人，建立起安全、充滿信任感的依附關係。」演化生物學者海納更明確指出其中的關鍵：「我們想要引導父母更有自信地面對教養問題，而不是讓他們過度自省。」

來自老師的嘲諷

> 「因他人受到更多與更沉重痛苦的人，無論是老師因小男孩而痛苦，或相反，無論兩者誰是暴君、誰是磨人精，也無論兩者誰糟蹋或玷汙了另一人某部分的心靈和人生，都不可能在沒有感到痛苦的情況下進行檢視。」
>
> ——赫曼・赫塞《在輪下》（Hermann Hesse: *Unterm Rad*）

　　「你的作文有優點也有缺點。」老師睥睨地說。故意停頓一下後，又接著說：「這篇作文開頭的地方表現很弱，然後又明顯變得更差。」這時全班同學都哄笑起來，大家看向寫這篇作文的同學。老師說的話剛開始聽起來似乎風趣又有智慧：先是聽起來像是有正反兩面意見的平衡批判，但接下來的說明竟然還當著全班同學面前說，擺明就是在羞辱人──尤其前一句的說法，讓所有聽眾都期待著接下來會聽到關於這篇文章的優點。當老師在其他同學面前公開批評一個學生的作文時，就已經超出必要的批評範圍了。這時候的老師只是在操弄他評判與打分數的權力。這樣的批評一點建設性也沒有。

　　幾乎在每個行業、每家公司總會流傳一些主管罵人罵得令人印象深刻的例子。那些發生過的事有時甚至還能帶來娛樂效果，但是大家心裡肯定都有共同的想法：希望自己不會是下一個那樣被罵的人。這類有爭議的言語無疑地就像前面的引言，故事中的角色在回想到以前一位以軍事風格著稱的老師時所做的陳述。

　　這類或大或小的情緒暴力有不少關於老師：老師無須那樣以嘲諷的方式在全班同學面前念出一個學生的作文，即使這位老師認為那篇作文特別差。另外還有一些帶有貶意的說法，如：**「哪天你真的通過高中會考，我就吞下一把掃帚。」**或**「你就別忙了，反正是沒用的。」**這些都讓人感到挫折與羞辱的話，既然會讓人感到不愉快，也就沒必要說出口了。就像下

面這個例子，老師對學生烏爾利希說：「烏爾利希──這名子倒是讓我想起有本小說就叫《沒有個性的人》（*Der Mann ohne Eigenschaften*）。」這位老師如此以雙關語的方式評論了自己的學生：他一方面賣弄他的知識，顯示自己熟稔奧地利作家羅伯特・穆齊爾（Robert Musil）的作品（穆齊爾的小說《沒有個性的人》主角就叫做烏爾利希），即使他無法確定，十年級的孩子是不是知道這個作家和這部作品。此外，他還以沒特色與沒有存在感，也就是「沒有個性」這樣的說法羞辱了這個學生。光是這些已經夠傷人了，沒想到這個老師還以學生的名字做為嘲諷的箭靶。拿別人的名字開玩笑根本就該完全禁止，那樣一點都不會讓人覺得你感受敏銳，畢竟要叫什麼名字並不是自己的決定。

　　有時候，老師不覺得自己說的話有問題，也很快就忘了。但隨口說出的一句話也可能是對學生很嚴重的侮辱，比如接下來這位女老師在發放夏季學期結業證書前說的話：「反正你們馬上就會閉嘴了。」她的意思是，有幾個學生可能會被留級。這樣的說詞完全聽不出有任何鼓勵或教育技巧在裡面。

　　有些學生可能反而受到這類貶斥的激勵，從那時開始想要對討厭的老師展現自己的能力而特別努力。這類挑釁的反應至少將原本帶有貶低意味的侮辱轉往好的方向發展。這種學生不是讓自己變成被害者，而是扭轉被設定的角色，反而從中得到前進的動力。或許這學生在這之前並不在乎是否能從學校畢

業，但做為老師無論如何也不該詛咒學生未來的人生。

　　家庭中也會有讓人感到挫折的情況發生。對這類情形，足球員佩爾・梅特薩克提到過有次父親對他說：「反正你做不到啦！」那是在梅特薩克十五歲的時候，當時他正為嚴重的成長痛所苦，並因此長達一年無法接受訓練。幸好他的母親要他安心先把精力集中在學校課業上。「反正你做不到的啦！」──「某種程度上這話讓我想開了。」二〇一八年梅特薩克在接受《明鏡週刊》（Der Spiegel）專訪時表示。因為從那時起，梅特薩克一直以來感受到的壓力突然就消失得無影無蹤了。

暗黑教養學

　　「因為這些年輕人已經背負著這些外來的聯想與承繼而來的感受，走過這幾年險惡軟爛的心靈泥地。在那裡，人本該有意義，卻又因為不夠成熟而無法讓自己變得真正有意義（……）如果有人取笑這樣一個年輕人，他腳下的泥地恐怕就要塌陷了，或者他會像醒來的夢遊者一樣突然崩落，眼前所見除了空無別無其他。」

　　　　　　　　　　──羅伯特・穆希爾《學生杜里斯的迷惑》
　　　　　　　　　　（Die Verwirrungen des Zöglings Törleß）

　　事發地點幾乎總是在家裡。幾個世紀以來，無數發生在兒童身上的虐待事件就在這個場域發生。然而，剝奪兒童的權

利、壓迫、打罵，或有時甚至被自己的父母像奴隸一樣對待，這些情況都讓教養這件事一再變成折磨人的同義詞。遺憾的是，這些情況不只在過去很久的年代才會發生。雖然「暗黑教養學」從來沒出現在史書上，我們卻可以不斷聽聞這類事件。至今仍有許多家庭裡面，存有世代相傳的手段用以對兒童進行訓話、貶低或羞辱。其中有些殘忍程度簡直讓外人驚訝不已，或者有些惡意必須在仔細思考後才能意會。

　　接下來的例子看到一個母親給她已經有兩個孩子的女兒所做的建議，也就不難理解了。就像多數孩童一樣，這兩個孫子也常想做些大人不喜歡他們做的事，比如說些無俚頭的話、在牆上任意塗鴉、大聲嬉鬧，或時不時調皮搗一下──總之都是兒童會做的一些事。某天，這個外婆不耐煩地對自己的女兒說：「**如果他們不乖，你就兩天不跟他們說話……很有效的！之後他們會很乖喔！**」

　　這個外婆說的可不是隨便的陌生人，而是自己的兩個外孫。這兩個孩子當時都還在學齡前，按理說應該是和外婆特別親近的年紀。當我們聽到她建議做出忽視這樣殘忍的對待方式時，時間可不是在一八一〇年。這竟然是發生在二十一世紀的教養法！這個外婆可能本身也被用類似的方式對待過，所以她從自己的經驗再清楚不過，如果父母對孩子的話語和需求不再做出回應，暫時完全中斷彼此的關係，可以對孩子造成多大的刺激。

　　許多家庭已經養成了在自己家內進行情緒暴力的方式。其結果早就為人所知：那些在父母的愛與尊重下長大的孩子，後來比較不容易得到憂鬱症和其他心理疾病，而且也比較能承受壓力。[3]他們的心跳頻率也比較穩定，因此得到心肌梗塞或其他心臟疾病的機率也比較低。相較之下，有家內情緒暴力情形的家庭就比較不健康。這類家庭更注重平衡的權力關係，以及權威儀節。而這些家庭的父母──雖然簡單，但很殘忍──繼續把他們小時候學到的教養方式帶給下一代。

　　反之，如果父母對孩子的情感做出敏感而且充滿關注的反應，就能提供孩子一個更安全、可靠的環境，如此一來，當然也有利於智力發展。相較於那些經常沒得到母親回應的孩子，在充滿愛的母親身邊長大的孩子比較快也更能理解簡單的關聯性。「如果孩子感受到安全依附，對他們在語言、毅力與社交能力方面的發展很有幫助。」德國薩爾布呂肯大學（Universität Saarbrücken）專門研究母親與孩子之間親子關係的心理學家吉莎‧艾薛爾斯雷本（Gisa Aschersleben）表示。

　　顯然兒童很早就能感應到我們對話與行為中的情緒。即使新生兒聽不懂話中的意思，他們已經能感受到一句話是惡意或善意，以及別人對他的回應是充滿不安還是輕鬆自在。「這

---

[3] Katz LF, Gottman JM: Buffering children from marital conflict and dissolution. Journal of Clinical Child Psychology 1997; 26: 157

種心理意識是與生俱來。」多倫多約克大學（York University）的心理學教授瑪麗亞・雷格斯提（Maria Legerstee）表示。「關愛的力量更強化了這種心理意識，特別的母性感性成就了孩子社會與情感層面的發展。」因此，如果家庭裡面沉默、沒有溝通，孩子也感受不到善意，就更糟糕了。

當然也有灰色地帶。忽視與情感冷漠的極端例子其實很少發生。更常見的是一些家庭，雖然彼此相處融洽但實則不必然如此。這些家庭的孩子長時間下來感受如何就很難說了。單是羞辱和貶抑的量並非關鍵，因為即使大部分是不好的經驗，也可能因為良好的承受度、穩定的朋友圈或其他機制得到平衡。

「最糟糕的是這種無言以對。」一位四十多歲的女性想到她自己的童年時說。只要她不「乖」，無論是什麼原因，她的父母就會以撤回愛的方式懲罰她。這樣做讓她馬上感到罪惡感與不安。於是，沉默就像是一道沉重的陰影，總是籠罩在她頭上，因為即使擺明的問題也被視為禁忌而保持靜默。

「有些議題我們就是不會談論。」這位女士現在回憶道。「有個叔叔因為一次莫名其妙的爭吵後，就沒再見過面。而這位叔叔殺了另一個同時也是我爸好朋友的親戚。像這樣的事就從來不會談到。」即使有人因為疏忽，誤踩地雷區，談到某個家中視為禁忌的話題，就會像得到懲罰一樣，迎來一陣冰冷的眼神──以及更多緘默。

他本來可以這麼作的

　　兩兄弟很清楚，他們「隨時」都可能迎來父親一陣毒打！他們的父親是個脾氣火爆、有暴力傾向的人。母親也知道。所以她曾對丈夫說：「你要是打孩子，我就離開你。不會回來了。」大概從五、六歲開始，孩子們就聽過母親這番帶有威脅意味的話。毫無疑問地，這個母親也相信做父親不知哪時會做出暴打小孩的事。

　　「我們都知道，他有可能打我們。」今年已經四十九歲的兩兄弟之一回憶道。「過去我們就一直活在毫無理由、隨時可能被打的想像中。我們不斷有種感覺，好像我們才剛又逃過一劫一樣。然後每次我們都知道，下頓毒打隨時可能發生。」雖然這個父親實際上從來沒打兩兄弟，但他一直給兄弟倆可怕的印象。就像在自家裡有個持續存在的危險、像顆隨時都可能引爆的不定時炸彈。

　　或者我們該以其他更正面的方式去理解這種家庭關係？畢竟最後什麼都沒發生。「但是比起感到害怕的事最後還是發生了，這樣的情況更令人心生畏懼。」心理創傷專家、慕尼黑工科大學附設醫院心身科副主任醫師薩克表示。「在前述例子中，母親預防暴力的措施就生效了。」這是一個既重要也很有趣的思考：我們反覆感到害怕而且

覺得受到威脅的事物，還是我們真正遇到的事，這兩者，哪一個會給我們的心理來更嚴重的傷害？

　　回想一下，以前父母或其他親近的家族成員說過哪些特別傷人的話，而且那些話可能至今想到仍然會感到心痛？這個練習雖然令人感到痛苦，卻可能很有用。稍微回想一下，就可以把一些事情聯繫起來——尤其我們曾經對自己的孩子說過的話。並非所有粗魯的語言都很殘忍、帶有貶意或惡意，即便如此：就算是好意，說出口的也不一定是好話。同樣重要而且有建設性的是思考，無論遇到小惡作劇或重大惡行，都能輕鬆忘掉那些不愉快的經驗。畢竟確實有許多傷害可以很快痊癒。

來自家庭的挫折

　　「我真不知道，以後沒有我妳怎麼活下去。妳根本什麼都不會！」母親總是對正在青春期的女兒這樣說。這個母親受過高等教育、時髦，而且熟悉各種教養相關議題。可如今，自己的小女孩已然長成了個小大人，母親還是常感到不滿。

　　無論是女兒面對新的獨立生活，或是學習上，或只是簽訂保險合約，只要這個女兒遇上困難，母親總難免說上幾句挖苦的話。是她把女兒教養得這麼不成熟的嗎？女兒獨自咬緊牙關

完成一些事需要的自信，被母親剝奪了嗎？這個女兒有時對父母過度關心的行為感到厭煩，有時又主動要求支援。而她的父母也急於伸出援手，即使當下可能早就不需要幫忙了。於是，即使不願意，童年時被剝奪行為能力的情況也持續到成年後。但是因為母親自己不信任女兒可以獨立，也不斷灌輸女兒這樣的想法，使得她幾乎變成自我實現的預言。

對這個女兒來說：盡快獨立，即使可能還需要一段時間。女兒必須客氣但明確地讓父母知道，她願意並且也有能力可以自己解決問題。這樣做可能一開始讓所有人都不習慣，但唯有如此她才有可能擺脫那個永遠長不大的小女孩的印象。如果她繼續接受這樣無微不至的照顧，雖然可能舒適地生活──但她將永遠無法獨立自主。

至於做父母的也應該體認到，終於可以信任自己的女兒，而不是過快把許多女兒該面對的課題往自己身上攬，將這個女兒隔絕於成人生活所需面對的挑戰之外。「她可以做得到。就算做不到，也可以讓她從中有所學習。」父母必須要有類似這樣的觀念。只有這樣，女兒才有機會成為一個堅強、有自信的人。就像心理學家說的：自信源於信任。

「我比較希望是兩個男孩。」父親反覆對兩個女兒這麼說。「兩個真正的男孩，不是只有女兒。」他甚至總帶著貶意說出「女兒」這兩個字。然而，他其實很愛這兩個女兒。甚至可以說，他這一輩子都很開心有這兩個孩子，即使他無法表現

專欄

你可以這樣做

人沒有必要為他人的期待負責，也沒必要為他人實現不是他們的人生。伴侶之間如此，親子之間也是。前述例子中，無須在那位父親身後譴責他要求過高。更重要的是與他和解，或甚至理解他，為何那麼急切地想要個兒子和看不起女兒。

或許在他自己的成長過程中，無論在青少年時期或剛成年階段他都感到不快樂。或許是戰爭的關係以及無法好好完成學業，讓他懷抱著渴望，希望自己的人生更有成就──於是把未實現的願望投射在兩個女兒身上。

然而，兩個女兒各有她們自己的人生，沒必要繼續承擔父親自以為的或是真實想法的遺願。他已經無法告訴她們，但或許只要兩個女兒清楚自己的人生與追求的目標，他就感到非常滿意。

出來，更少用言語表達。因此這兩個女兒的感受永遠和他的想法有些出入：兩個女兒都堅信，父親為她們的存在感到失望。

這兩位女士因此直到進入半百年紀都無法擺脫這樣的感受，總是覺得自己不夠好、覺得自己隨時可能做錯什麼事。即使在接受基本教育階段、後來進了大學，乃至於之後進入社會

在工作上都取得不錯的成績，仍然無法改變那些負面感受，就像附著上了污漬洗不掉一樣，而且不斷啃食她們的內心，直到今天。

「我一直感覺我必須更努力、更有成就。」其中一個已經事業有成的女兒說。現今的她受到滿溢的榮譽感驅使，很早進辦公室，然後總是最後一個離開。她申請公司內部的職缺，不見得是為了興趣，往往只是因為那個新的職位有晉升機會，哪怕只是小小的升級，她也會去爭取。

「聽起來荒謬又不理性，但我仍然想討父親開心，即使他在幾年前就已經過世了。」眼前的五十歲女性自白道。「不知為何，我還是一直想要證明我自己，覺得自己必須向他證明，男人做得到的，我也可以做到，就像他一直想要的兒子一樣。」所以她分外努力，經常工作到深夜，把她自己的家庭推到負荷的極限——然而就算這樣做了，她還是覺得自己做得不夠。如果她這樣繼續下去，救贖就不會那麼快到來。

罪惡感的導火線

每當母親感到負荷過重時，講話就開始大聲。只是，她太常覺得自己不堪重負。於是，她就罵她的孩子，一下子說他們不乖，一下子又說是他們不聽話。更特別的是她常很大聲自言自語。她也會對女兒和兒子叨唸不休。「我也可以只為我自己

「你好煩！」

　　「我總覺得我打擾到別人了。」年輕人這麼說著。他現年三十三歲，回想起童年直讓他覺得恐怖。「不管我們做什麼，反正都是錯的：太吵、太多、太快、太少。」他把母親形容成一個負荷過重、過於敏感的人，現在他為她覺得遺憾。年輕時，每當他以正常的腳步爬樓梯，母親就訓斥他，說他太吵了。他有兩個妹妹，當其中一個妹妹從冰箱拿東西出來準備享用，可能就會引發母親一頓脾氣，因為那是她為自己預留的份。

　　「最可怕的是完全無法捉摸。」年輕人說。「我們從不知道，下一次她又會為什麼原因大發雷霆。我們做的每件事，根本沒有一件是對的。」他的童年因此留下深刻印象，讓他總覺得自己干擾到別人。今天的他非常滿意自己的生活，因為他已經學到，不吵別人，也讓自己不被太多事干擾，是很美好的事。但他依舊不時問自己：「我完全無法理解，為何母親當年要生下我們。」

著想、也可以讓我自己更好過，然後自己去度假，把錢往窗外撒。」當她在氣頭上的時候，就常說出這類的話。

　　孩子雖然會躲進自己的房間，但還是聽得到母親的高聲抱怨。對啊！為何她不讓自己好過呢？為何她不去度假呢？一開始兩個孩子先是這樣問。為什麼她不多為自己著想呢？於是他們最先得到的結論便是：她是應該多為自己著想啊！

　　不過，很快又會冒出另一個有害的想法：噢！母親並不好過。而且，如果媽媽不讓自己好過、不偶爾為自己著想，那問題明顯就出在我們身上，因為她不是正在罵我們嗎？即使這樣的想法可能只是在兩個孩子的潛意識裡面出現過，他們仍然覺得「不知為何」應該為母親的處境負責。

　　孩子會從他們的周遭、離他們最近的人事物，以及他們聽到、感受與體驗到的一切去理解世界。母親不快樂，還罵了他們——所以，母親不快樂是他們的錯。完全不用挑明地跟孩子說什麼，他們就能自動從父母那裡接收到波動——無論好或壞。這並不理性，而且就這樣埋下了長期自責心理的種子。

　　幼兒就已經會不自主地對責罵產生罪惡感，畢竟父母是他們最重要也是唯一有接觸的人。倘若父母抱怨因為小孩而錯過人生中的某些事，比如無法買新車，或是無法依自己的願望行事，那麼孩子馬上就明白，**自己就是造成他們困局的源頭**。

　　在童年就成為替罪羊或家庭裡的避雷針的人，可能長期為此所苦。被害者會把所有僵持、爭執與憤怒攬在自己身上，覺得都是自己的責任、覺得自己有錯。隨之而來的就是強烈的自

專欄

你可以這樣做

當人已經長期習慣背黑鍋或認為自己有錯，可以做一些練習。首先要先問自己：為什麼是我？事情到底和我有什麼關係？為了回答這些問題，最好以俯瞰的視角來審視面臨的處境。業務上正在進行的專案失敗了、整個團隊的努力都沒有進展，真的是我的關係嗎？伴侶關係中，我是否也是硬碰硬、一點也沒退讓？還讓自己與其他人越走越近？我該為這件事負責嗎？每次問題發生我都該承擔主要責任嗎？

如果工作上受到檢討，可能是團隊的績效趕不上主管的期待，那麼比較好的做法應該是不要馬上把一切問題往自己身上攬。或許之後確定，應該究責的並不是特定某一人。這樣的過程可以減輕不少壓力，而且往往可以更堅定新的看法：我不是問題所在，有時候問題出在別人身上，我只是那個陪榜的人。

這個練習的目的，當然不是讓人以後遇到該自己負責的事情時馬上推得一乾二淨，而是讓人面對業務專案、爭執或糾紛時能夠更切進事實地衡量自己該負多少責任——以及，必要時為自己承擔起責任。

我貶低，並且默默覺得，自己沒用、沒有價值。在衝突中，這類人容易很快對號入座，常擔起錯誤的責任，並認為氣氛不好或是危機狀況都是他們造成的。

此外，他們還會認為，必須照顧到家裡、伴侶關係中或職場上的氣氛。為了不被批評，他們會很快攬下沒人要做的任務，並期待別人的心情會因此好轉。如果同事中，或家裡有這樣一個人，該是多麼舒心的事！但是他們也必須注意，不要只是為他人著想而犧牲了自己。

童年時的傷害與羞辱、責難與負荷過重通常不會那麼快消失。它們會一直存在直到高齡，或甚至一輩子之久。有時它們或許退到背後——比如很久不再提起，或是很久沒和加害者接觸。但他們依舊會像看不見的燒燙傷痕跡一樣烙印在內心。

暴政所帶來的長年陰影

羅馬尼亞在希奧賽古獨裁專政的那段時間，孤兒院裡的孩童受到情感忽視的情形就像在聚光玻璃裡面一樣。希奧賽古從一九六○年起有計畫地命人建造孤兒院，直到他的政權在一九八九年被推翻時，仍然有十七萬名兒童生活在那些孤兒院裡面。那些孤兒院以慘無人寰的方式證明孩子有多需要愛，以及沒有愛的孩子會如何枯槁乃至凋零。約莫在共產獨裁末期與終

結後的幾年中，那些孤兒院裡面的真相逐漸被挖掘出來，直至今日仍然有科學家從中發現長期性損害的新證據。[4]

幼小的孩童在那些孤兒院中，過著近乎沒有關愛的日子，有些孩童甚至被綑綁在床上，活在沒有社交與友善語言的環境中。相較於有家庭護佑的同齡孩童，那些孤兒院中有許多孩子因為受到各種病菌感染或其他疾病侵襲而死去。

即使是倖存下來的孩子，也有許多人面臨智力發展遲緩的現象，或有些人出現非常嚴重的情緒障礙。他們甚至無法表達出一些基本的情緒與感受；他們就是不知道一般人如何表達快樂、悲傷與憤怒的感受。他們幾乎沒有任何情緒表現。這個缺陷也反應在後來的研究中：這些人處理情緒與表達的大腦部位，結構較同齡人小，並且呈現功能萎縮現象。

長年的情感忽視所帶來的傷害，就是醫生也很難準確地對症下藥。「精神上倘若進入極端狀態，可能就是所謂的「醫院症候群」（Hospitalismus）。」慕尼黑工科大學附設醫院心身科

[4] Eluvathingal TJ, Chugani HT, Behen ME, Juhász C, Muzik O, Maqbool M, Chugani DC, Makki M: Abnormal brain connectivity in children after early severe socioemotional deprivation: a diffusion tensor imaging study. Pediatrics 2006; 117: 2093.
Chugani HT, Behen ME, Muzik O, Juhász C, Nagy F, Chugani DC: Local Brain Functional Activity Following Early Deprivation: A Study of Postinstitutionalized Romanian Orphans. Neuroimage 2001; 14: 1290

主治醫師彼得‧罕寧森（Peter Henningsen）表示：「可能的後果就是嚴重的行為表現障礙。他們經常表現出有規律的動作，如搖頭晃腦或擺動上半身。」全世界受到情感忽視的孤兒，以及受到其他情感剝奪的病患身上，都可以發現這些「卡斯柏‧豪澤症候群」（Kaspar-Hauser-Syndrom）的症狀。例如擺動，就是身體自己嘗試撫慰悲傷的動作。

此外，與他人的相處也有很大的阻礙。「這類折磨人的隔離可能導致接觸焦慮與依附障礙。」罕寧森表示。「語言及思維能力發展遲滯是其中的典型症狀。此外，社交能力通常也進展較緩慢，可以說是自閉症的一種表現了。」

成長過程中沒有持續受到關愛的孩童，後來都顯示出情緒以及與他人接觸的障礙。隔離也會傷害身體功能。確定的是：受到忽視的人更容易生病，因為他們的抵抗力明顯較差，甚至普通的感染都可能變得很危險。生理及心理的抗壓力也降低了。「人甚至可能因為缺乏與人的互動與關愛而死亡。」罕寧森說道：「被害者在這類暗無天日的地牢中所受的折磨，可以說是一種慢性謀殺。」

嚴重的忽視往往被視為一種複合型創傷。由此可能產生帶有慢性焦慮的人格障礙、內心空虛以及無法控制的情緒崩潰，甚至是自我傷害。情緒擺盪在極端之間，被害者罕有情緒平衡的時候。他們一直都無法信任別人──尤其對那些想要接近他們的人。

　　哈佛大學（Harvard University）的醫師群也指出，受到忽視的兒童，他們的大腦成長受到限制。[5]「兒童時期不好的、真正有敵意的經驗，對於大腦發展有負面影響。」該研究計畫的主要作者馬格里特・薛麗丹（Margaret Sheridan）說：「不只在孤兒院長大的兒童如此，同樣的情形也發生在那些被虐待、無人照料、在戰爭中經歷暴力、極度貧窮或是遭遇過其他深刻的負面事件的人身上。」研究人員調查了三組八到十一歲的兒童：第一組接受孤兒院的照護；第二組在原生家庭中成長；第三組先住在孤兒院至少六年，之後才被寄養家庭養大。

　　大腦的核磁共振影像顯示，那些在孤兒院長大的兒童，他們大腦裡面的灰質（graue Substanz）明顯比生活在原生家庭中的兒童少。即使他們之後換到寄養家庭生活幾年，這種差異依然存在。此外，比起在家庭中長大的孩子，在孤兒院中成長的兒童，他們大腦中白質（weiße Substanz）的量也有減少的現象。至於那些後來被寄養家庭接收的孤兒院兒童，他們在大腦發展上——至少就量而言——有迎頭趕上的趨勢，並且經過一段時間後，白質的量幾乎無異於那些一直在家庭護佑下長大的孩子。

---

[5] Sheridan MA, Fox NA, Zeanah CH, McLaughlin KA, Nelson CA 3rd: Variation in neural development as a result of exposure to institutionalization early in childhood. Proceedings of the National Academy of Sciences of the USA 2012; 109: 12927

在大腦發展的敏感階段，當環境對大腦造成強烈衝擊，就會造成灰質的差異。簡言之，不只是肌肉控制和觸覺感知，腦灰質也與情緒處理、記憶、語言和視覺與聽覺等感官有關聯。白質則構成訊息處理網絡，並不斷建立新連結。白質的增長速度比灰質慢，因此對大腦發展過程中遇到的變化能做出較好的反應或調適。

「白質顯然可以弭補一點差距。」薛麗丹表示。這可以解釋為何那些原本在孤兒院，後來進到寄養家庭的兒童，幾年之後他們的神經傳導路徑（Nervenbahnen）數量幾乎和那些從小沒有住過孤兒院的兒童一樣多。「我們的研究顯示，如果能在出生之後兩年內被接到寄養家庭，對於認知發展有特別正面的影響。」波士頓的研究團隊負責人查爾斯·尼爾森（Charles Nelson）表示：「兒童越早離開孤兒院、進到寄養家庭，就長期而言，成效較好。」

該次研究由羅馬尼亞醫師群協助完成，而且當時羅馬尼亞孤兒院的照護情況已經有所改善。然而，據聯合國兒童基金會（UNICEF）粗估，全球應該還有八百萬個生活在孤兒院中的兒童。這些兒童多半處於身心沒有得到良好照護的狀態。他們的社交與語言能力衰退，而且經常有行為表現特異的問題。此外，對於幼兒時期的情感剝奪，研究人員也發現越來越多對於身體的不良影響。

在民主國家中有許多孤兒院，雖然在二十世紀中葉已經導

入符合現代標準的照護制度。然而，直到一九六〇年代，基於
衛生因素與害怕傳染問題，依舊有不少照護人員得到指示，要
他們不得碰觸院童或與他們玩耍。曾經有個例子，當時的機構
雖然得到最好的醫療照護，但因為德國麻疹的院內感染，導致
該機構四成兒童身亡。對照當時，孤兒院以外這類不是太嚴重
的傳染病造成兒童死亡的機率不到百分之一。

　　「早期周遭的情緒氛圍對身體健康有很長期的影響力。」
美國威斯康辛州大學（University of Wisconsin）學者賽斯・波
拉克（Seth Pollak）表示。波拉克的團隊研究了一百五十五名
青少年，其中約有一半毫無創傷地度過了幸福的童年──這些
青少年的免疫系統完好無損。[6]另有三十四名青少年曾經受過
肢體虐待，並且在情緒不穩定的環境中長大。這些青少年對於
病毒、細菌或其他病原體的侵犯抵抗力明顯較差。他們的身體
必須製造更多抗體來對抗這些外來的侵害，他們免疫系統的其
他防禦機制也比較虛弱。

　　醫學家針對研究對象的防禦系統對第一型單純皰疹病毒
（HSV-1）的反應進行研究分析。超過三分之二的人自帶唇皰
疹與喉嚨痛的病原體，但並不會有任何不適。通常只有在病

6　Shirtcliff EA, Coe CL, Pollak SD: Early childhood stress is associated with elevated antibody levels to herpes simplex virus type 1. Proceedings of the National Academy of Sciences 2009; 106: 2963

毒再次活化，比如壓力、生病或在其他免疫系統較差的情況下，才會出現症狀。那些在兒童時期受到虐待的青少年，他們體內的單純皰疹病毒則無法受到控制。「出生時，我們的免疫力尚未完全形成。」威斯康辛州大學的克里斯托福・寇（Christopher Coe）表示。「細胞雖然是存在了，但它們後續如何發育與調節，則取決於一個人的成長過程。」

　　另一個研究結果就更令人感到意外了。學者也研究了第三組青少年和年輕成人的免疫反應。這一組研究對象，雖然幼兒時期也住過孤兒院，但接受研究時，早已在環境穩定的寄養家庭中生活多年。這一組的防禦系統竟然與那些受過肢體虐待的青少年非常相似。「這些孩子雖然童年過得不好，但過去十幾年來他們受到關愛，也生活在有安全感的環境中，」波拉克接著說：「他們的身體仍然處於壓力狀態，好像他們被虐待過一樣。」

　　有些傷害就是會持續一輩子。曾經被虐待，或曾是意外或其他創傷的被害者，有時要與隨之而來的精神傷害奮戰幾十年。心理學家稱之為不斷襲來的「教養幽靈」，指的尤其是那些對精神上造成長期性的負面影響。

　　波拉克擔憂，未來會有更多兒童為此所苦。即便在許多民主與經濟穩定發展的國家中，貧富差距日益擴大，經濟壓力與家庭負擔最先衝擊的便是其中最弱勢者，也就是兒童。

　　依附關係專家與心身科醫師早就知道，幼兒時期受虐、

情感上受到忽略、過度嚴苛的管教，以及頻繁的家庭爭吵氣氛，後來容易導致憂鬱症、焦慮症或其他心理疾病。布里須表示：「沒有安全感的依附關係發展是很大的致病風險因子。」此外，加拿大蒙特婁麥基爾大學的神經生物學家米尼也提到：「幼兒時期的經驗決定終生的神經與荷爾蒙反應。」

媽呀！真是夠了！

　　當成年兒子來探視母親，母親的第一個疑問句一定是：「你那麼快又要走了啊？」接下來，總不免聽到母親喋喋不休地訴說著她最近遇到的問題，直到做兒子的知道，自己除了跟她坦承不知道該怎麼回答外，再也不能提出什麼有效的辦法與建議。通常這時她會說：「唉！你一點也不關心我那些煩心事。」

　　經由母親和父親的角色以親情操弄情感，變成情緒勒索的另一種形式：「唉！如果你不去看克拉拉阿姨，她肯定感到很失望。」或是，換另一種說法：「如果你和我們一起去養老院，奶奶看到了一定很開心。」這種就連性情最溫和的孩子也要備感壓力的溫和責備法，英文稱為「Emotional Blackmail」。一再反覆地提出要求，而滿足這些要求的條件，竟然是以家人之間的關愛來衡量。並且唯一目的是以情感作為脅迫的工具，要讓另一人感到良心不安。

「這是人際關係的副作用。」薩克笑著說到，正因為有這麼多灰色地帶，而且介於讓生病的奶奶高興和精神勒索之間往往只是一線之隔。「教養、伴侶關係與親人之間很少完全沒有情感上的操弄與勒索。」對慕尼黑工科大學附設醫院心身科這位副主任醫師來說，重要的是說出這類語言的背後，至少要有更高尚的動機：「母親只是很想要親近兒子，不見得就一定是病理表現。」

這類事情當然一直都與程度、情況與抗壓力有關。在親近的人之間，常會出現只為了討對方歡心而做某些事的情況。這本該是出於自願與發自內心的禮物。問題就在於，父母利用孩子對他們（有時也發生在伴侶間）的情感依賴做為要孩子順服的工具。親子關係原本就不對等：孩子需要從父母那裡得到恩惠與關愛，而且這些都是存活的基本需求。然而，這種需求直到成年後也不全然消失。因為就算是成年後的孩子，也希望能被父母看到與被他們喜愛。

以撤回愛做為要脅，或是以過度關愛作為順從的獎勵，而利用孩子這種想要親近父母的願望，都是操控手法的極致表現。這些做法會逐漸消磨孩子的自由意志，妨害他們發展成獨立自主的個體。雖然為人父母者總愛辯稱，這樣那樣做不過都是出於好意——但這個說法也是嚴重有害，而且恰巧顯露了某些父母以自我為中心的心態。也就是，他們最初的動機都不是真正為孩子著想，而是最先想到讓孩子順應自己的喜好行事。

眼睛只顧著盯螢幕：孩子和另一半競逐注意力

父母在教養過程中，可能犯下很多錯誤。要求孩子做自己做不到的事更是其中特別棘手的情況。該做榜樣的沒有榜樣該有的樣子——這種態度的風險就在於，假使父母無法盡到模範的功能，並且不斷做出考驗信任的表現，其實孩子都知道。

如使用電子產品就是許多潛在的教養考驗。不久前，美國的研究人員進行研究，如果父母在家不停使用平板電腦或智慧型手機，卻不許自己的孩子做同樣的事，會有什麼後果。[7]父親才剛下班，手機螢幕就跳出一條訊息、不斷響起的鈴聲催促著剛收到新郵件，於是父親或母親必須盡快回覆。當然是在很短的時間內。在智慧型手機無所不在的現代，有些父母無法在孩子的使用時機上達到共識，往往造成夫妻間關係緊張。[8]

十歲的孩子正問到他能不能吃些東西；十二歲的孩子抱怨弟弟不跟他分享新收集到的足球遊戲卡；八歲那個則迫不及待想炫耀剛完成的樂高大樓。「為人父母者常覺得自己分身乏

[7] Radesky JS, Kistin C, Eisenberg S, Gross J, Block G, Zuckerman B, Silverstein M: Parent Perspectives on Their Mobile Technology Use: The Excitement and Exhaustion of Parenting While Connected. Journal of Developmental & Behavioral Pediatrics 2016; 37: 694

[8] Radesky JS, Eisenberg S, Kistin CJ, Gross J, Block G, Zuckerman B, Silverstein M: Overstimulated Consumers or Next Generation Learners? Parent Tensions About Child Mobile Technology Use. Annals of Family Medicine 2016; 14: 503

術。」密西根大學（Universität Michigan）的兒科醫師兼研究團隊指導教師珍妮・拉德斯基（Jenny Radesky）表示：「他們一方面要達到工作上的要求，同時又不想怠慢了朋友或周遭的人際關係；另方面，他們又要照顧孩子的起居飲食，或陪伴孩子做功課。」

這是一場持續的戰鬥，而且很難找到平衡點：一方面希望能待在家裡，多點時間和家人在一起，另一方面那個可惡的科技化小工具又隨時隨地傳來新訊息，還讓我們以為一定要做出回應。研究中受訪的家長幾乎都一致同意他們有情緒極度緊繃的現象，以及感到難以兼顧資訊氾濫、工作、孩子與社交圈等日常行事的壓力。最終，這個電子小幫手就像一個母親形容的那樣「讓世界就在彈指之間」。

其他父母也提到，移動通訊以及隨時讓人找得到的情況對他們的心情造成負面影響。倘若工作上來了一個壞消息，他們會感到生氣，然後開始專注在螢幕上。這時孩子們就會更想引起父親或母親的注意，反而激怒心情尚未平復的父母，於是大聲斥罵起孩子。

這類行為一點也沒法做為榜樣。「孩子看到父母一直低頭看手機，然後以為那就是溝通的一部份。」慕尼黑大學（Ludwig-Maximilians-Universität München）的依附關係專家布里須說：「再說，如果對話突然中斷，只是因為對方必須盯著手機看，肯定不是很好的經驗。」

有時候一家人坐在同一張桌子上，可是沒有人看著彼此，因為大家都在線上，現場的相互溝通反而處於離線狀態。這場景在外人看來似乎顯得荒謬。有時真讓人想拍成影片記錄下來。片名：社會孤立。「甚至燭光晚餐也可以看到這樣的情境。」布里須表示。「休息時，手機才會擺在餐盤旁邊。看到這種景況，我們只能默默希望，至少他們正在互相寫訊息給對方。」

學者從其他領域知道，到底父母的角色模式和他們的行為榜樣對於教養有多重要。新近有許多研究顯示，唯有父母以身作則，孩子才會吃很多蔬菜水果。如果父母遇到紅燈停下來，孩子也會養成正確的交通觀念。如果青少年騎腳踏車不願意戴安全帽，而父母自己也沒那樣做，卻只是薄弱地說理，辯稱是因為自己年輕時沒有養成好習慣。如此，當然無法解決這種經典衝突。

當父母因為智慧型手機或平板電腦嚴重心不在焉，會帶來嚴重的後果。「對幼兒、青少年或其實對各年齡層來說，都會感受到被冷落的壓力。」布里須說：「兒童從一開始就非常依賴細微的溝通。他們可說是超級解碼員。只要手勢和表情與所說的話對不上來，或是回應稍有延遲，而且是因為父母又分心了，他們其實很快就察覺得出來。」親近、有連結與帶有情感的眼神接觸，對身體以及心理發展都非常重要。如果發展得不好，就會受到健康與心理疾病的威脅。

就連嬰兒如果沒受到父母關愛，他們體內也會分泌較多腎上腺素與皮質醇。脈搏迅速加快，全身顯得煩躁不安，整個身體機能處於警戒狀態。曾經有個實驗，以影片記錄下受到母親照料的幼兒，當其中有段時間母親的聲音表現得心不在焉時，幼兒緊張地像是遇到嚴重的緊急狀況。

「可以把這種情形想像成一部配音糟糕的爛電影。」布里須說。「只有當語言與關愛的行為一致了，孩子的情緒才又平靜下來。」在公車或火車上，每天都可以觀察到類似的反應：父母推著嬰兒推車進入車廂後，馬上盯著手機看。接著，推車裡的孩子努力做出各種動作，想要吸引父母的注意、尋求與父母眼神接觸的機會。不久他們就停下來，陷入情緒凝滯狀態。

「沒有人期待父母為孩子付出百分之百的時間。對孩子的發展而言，某種程度的獨立甚至非常重要。」兒科醫師拉德斯基表示。「但制定特定時間段，比如用餐時，剛下班時，或是晚餐後，有段時間全家沒有人上網，對孩子的成長和家庭關係非常有幫助。」此外，還可限定空間，比如客廳或孩子的房間不准使用智慧型手機，以免寸步離不開手機。

無論是對於為人父母者，或是沒有孩子的人，都可以利用相應的應用程式，了解自己在線上耗了多少時間，以及做了些什麼。多數人會為自己感到驚訝。用自己大部分的休閒時間處理公事上的電子郵件，或是不斷瀏覽臉書（Facebook）的人，或許該從日常生活中徹底做些改變，更有意識地安排暫停使用

電子產品的時間。

　　此外，最好父母自己也要找出，到底哪些移動通信活動最耗費時間與心力。可能是那些特別容易引起你情緒的工作上的電子郵件，那麼最好在孩子去做其他事時，才開始讀取內容。這樣既可以專心處理郵件，也不會因為孩子造成時間上被中斷的情形，而把自己的壞情緒轉移到孩子身上。

為生命堅強：父愛的重要性

　　男人很容易在家裡變得多餘。他們是資源提供者和撫養人，除此外，他們並不常介入兒童教養。即使作為親生父親，至少在出生後的第一周，他們也只能耐心等候。與新生兒的親近程度，從生產、哺乳或把孩子帶在身邊，無論如何都不能與一個女性所經歷的相提並論。以上是截至今日仍然廣被接受的教養觀念與偏見。

　　即便學者在研究幼兒時期的依附關係時，也經常只針對母親與嬰兒之間的互動。在這個議題上，英國的兒科醫師就提出警告，呼籲不要低估了父親的重要性。[9]「在出生後的前幾年，

---

[9] Opondo C, Redshaw M, Savage-McGlynn E, Quigley MA: Father involvement in early child-rearing and behavioural outcomes in their pre-adolescent children: evidence from the ALSPAC UK birth cohort. BMJ Open 2016; 6: e012034

父親是否付出感情以及付出多少感情，都會對孩子與青少年的行為產生很大的影響。」牛津大學（Universität Oxford）的查爾斯·歐龐都（Charles Opondo）表示。針對父親的角色對兒童日後發展的影響，歐龐都曾經研究了超過六千名兒童。

根據該研究，如果父親樂於作為父親這個角色，關愛孩子並且承擔起照顧的責任，那麼年齡在九歲與十一歲之間的兒童心理狀態較為穩定，並且比較不會有怪異表現。相較於那些父親較少參與成長過程，而且對自己作為父親的角色常感到不確定的孩子，前述兒童的心理問題和社交障礙比例更少了十四％。

「一個能常伴孩子左右，與他們有情感上的交流，並且承擔起責任的父親，家庭可說是他的王國。」布里須說。「父親會以不同的方式和孩子相處、他們玩遊戲的方式也和母親不同，他們甚至餵養和照料孩子的方式也不同、對不同的事情特別敏感。這些對男孩、女孩一樣重要。」

嬰兒到兩個月大時就能感受到這種不同的相處方式。寶寶在尿布檯上會有不同的動作表現，因為他們知道現在爸爸要幫他們做體操訓練。男性的行為表現較為陽剛，但他們也有不同於孩子從母親那裡感受到的敏感的一面。重要的是：父親與母親沒有誰做得比誰好，只是他們的方式不同而已。

「無論男孩或女孩，如果他們能與父母雙方分享感受與經驗，較容易發展出自信。」布里須表示。「男孩從父親那裡體

驗到競技與活力，以及可以在遊戲或運動中解決衝突。坐下來討論對他們來說有時比較強人所難。」這也正好說明，為何許多男性無法在餐桌邊坐下來討論他們的人際關係或其他可能的問題。騎自行車、散步或運動時或許可以達到更好的效果。

同樣地，如果父親和女兒打鬧，或幫女兒爬上樹，玩到筋疲力盡，也會讓她們感到很開心。這告訴她們：就算是女孩子也可以很堅強、發出很大的聲音或狂野地跑跳。「除此之外，她們又還能從哪裡知道男性是怎麼一回事呢？」布里須說。越來越多專家發現，與男性相處和受到父親的肯定對孩子非常重要。童年的生活裡，教養者、教師與母親等角色多是由女性主導，因此做為男性的父親也應該展現他們能做的事。因此就更難理解，當法官審理監護權訴訟時，總是以舊時對父母角色的刻板印象處理，認定父親不是那麼重要，並認為讓孩子主要與母親同住對孩子最好。

增強自信

「我們經常遇到家長問他們可以為孩子做什麼，或怎麼做才正確。他們希望有人教他們怎麼做，並提供他們教養建議。」辛辛納提大學（University of Cincinnati）的凱思・金（Keith King）表示。「做法其實非常簡單：只要告訴孩子，他做得很好，你們為他感到驕傲。與他們互動、參與他們的活

動、協助她們做作業。」

　　雖然聽起來很重要，但絕不是每個孩子都能得到上述已經科學實證的待遇。金與他的同事莉貝卡‧威都瑞克（Rebecca Vidourek）針對一項調查所做的分析得出以上結論。曾經有一項研究訪談許多美國青少年調查他們的童年生活，並由教育學者與疾病預防專家檢視這些資料。結果發現，年輕人如果覺得自己沒有受到父母足夠重視，較常得到憂鬱症或更容易出現自殺傾向。[10]我們可以推定，這個結論也適用於其他西方國家。

　　不僅幼兒時期的依附關係很重要，學者在專業會議上也強調，對介於十二歲到十七歲的孩子而言也很重要的是，讓他們感覺受到重視，以及背後有支持他們的人。「可惜不是所有的父母都知道——而這正是問題所在。」金說。

　　十二歲到十三歲這一族群的孩子尤其敏感。據研究，如果他們幾乎不曾從父母那裡聽到讚美、不曾聽過父母會為他們感到驕傲與支持他們，他們出現自殺想法會多出五倍，另外真正做出自殺行為的更有七倍之多。「關鍵在於，孩子能感受到與父母及家人正向的情感依附。」威都瑞克表示。

　　這些青春期孩子隨著年紀增長，自殺的念頭與行為也會跟

---

[10] King KA, Vidourek RA, Merianos AL: Authoritarian parenting and youth depression: Results from a national study. Journal of Prevention and Intervention in the Community 2016; 44: 130

著緩和下來。這樣的變化來到十六至十七歲的族群，覺得父母不夠重視他們時，出現自殺念頭的機率「只有」三到四倍。當然，這也可能是因為年紀較長的青少年在面對缺乏父母關愛時，已經找到克服心理障礙的方法。

　　但這也不是多值得感到欣慰的事。因為這些青少年，舉例而言，更常、而且更早接觸毒品，也更常和更早進行危險性行為。金推測：「缺乏關愛導致的不良影響所及，不分性別、階級與種族，而且可能出現在各個層面。」

本 章 重 點 回 顧

1. 兒童在心理上與生理上都有與人親近、關愛與穩定依附的需求。沒有愛與關懷不僅使他們心理不穩定，受到各種疾病侵犯的機會也隨之攀升。

2. 荒謬的教養傳統告訴我們，當嬰兒無法入睡時，要哭就讓他哭，無須過去或晚點再理他就好，不僅讓幼小的孩子感到絕望，也是對他們過度苛求。以此作為擔心過度寵溺孩子的理由毫無根據。出生後的前幾個月，幼兒尤其需要愛與關懷。

3. 如果父母過得不好，孩子會很快覺得是自己的責任。他們會相信，是他們的錯才受到母親或父親的責罵或讓他們感到悲傷。如果孩子不斷被當做情緒避雷針或替罪羊，未來他們也容易覺得自己需要對周遭很多發展不如預期的事負責。

4. 父母或老師的侮辱可能妨害孩子的發展，並造成心理上的傷害。情緒暴力會以許多方式呈現。可能是孩子受到忽略，可能是孩子受到挫折或侮辱。但有時也可能從毀滅性的評語中反而得到成長的能量。

5. 人都需要受到關注，兒童又特別有這方面的需求。如
   果孩子很難引起父母的注意，在他們出現精神凝滯狀
   態前，他們會先努力博取關注。無所不在的智慧型手
   機、平板電腦或諸如此類的物品，使人受到對方關注
   變得越來越困難。

第六章

這算是愛嗎？伴侶間的情感角力

　　不少在一起多年的伴侶，已經發展出兩人之間獨有為難對方的方法。「你在做什麼」、「我什麼都沒做」、「怎麼可能什麼都沒做」、「我想明天就殺了她」，以上是德國漫畫家洛黎歐特（Loriot）在他的作品中呈現的婚姻鬧劇縮影。這段發生在廚房與客廳之間的對話，可說是總結了所有婚姻關係中會出現的問題。

被動攻擊

　　要讓另一半感到失望的方法很多。瑞士的伴侶關係治療師薇瑞納・卡斯特（Verena Kast）以「被動攻擊」（passive Aggression）形容伴侶關係中常見的作法：裝作傾聽，實則把對方的話當耳邊風。

　　這類「對話」早就成為許多伴侶間日常相處的刻板印象：她不斷說話、他偶爾點頭表示贊同，或出點聽起來像是表示贊

同的的嘟噥聲，然而實際上什麼都沒聽進去。如果她刻意針對剛才說過的話提問，他多半答不出來，這時就必須棄械投降：「妳剛又說了什麼啦？」（當然這樣的經典角色設定也可以對調一下：他不斷對她說話、她偶爾發出嘟噥聲……）

對話過程中不斷打哈欠，或乾脆表現出對話題沒興趣。另一半的身體雖然在現場，但心思可不一定真的也在。對這類場景的責難大概都像這樣：「你從來就沒在聽我說話！」、「你對我一點也不關心！」而且，這些話至少都很符合當下的情境。

不過，被動攻擊和持續性情緒壓迫的表達方式可不只有隨口應好的低語，還有不斷提出疑問句，卡斯特稱此為「任務型」問句。時時刻刻要確認對方是否解決了曾經提過，或特意交付給他的任務：「你到底……？」、「你不想……？」──「我都問自己，到底我們還要等多久，直到你……？」即使是最有耐心的人，遇到這類不斷確認又有攻擊性的問話，要不受到刺激也是很難的。

另一半不參與對話、對任何問題都以單調的「我不知道」回答，或是不斷打哈欠，都是很擺明的防禦反應。雙方都為自己設置了舒適的行為模式：其中一人擺出漠不關心的姿態；另一人則出言指責或批評。如果作為局外人體驗過這類伴侶的對話，應該都知道一個事實：這兩人在一起很久了，而且他們的關係已經沒有那麼好了。

伴侶關係中的恐怖日常

蘇格拉底（Sokrates）的妻子贊堤佩（Xanthippe）以悍婦形象深植人心至今。某天她又對蘇格拉底大發雷霆，這次她不只像往常一樣把他大罵了一頓，還拿了尿壺往蘇格拉底身上倒。面對這樣的羞辱，蘇格拉底非但不感到生氣，還有點贊許地說：「看吧！我老婆打雷＊後，還會下雨！」這段希臘哲學中的名句雖然獨具一格，但顯然是虛構的故事。

不過，贊堤佩的悍婦形象已經太過根深蒂固，所以人們都願意相信她做得出這類行為。除了上述故事，還有許多關於贊堤佩的惡形惡狀流傳下來，多到幾乎讓人相信她欺凌了整個雅典城邦。蘇格拉底的妻子可說是欺壓丈夫、女性家內暴君的集大成者。據說，她對蘇格拉底的所作所為從來都不滿意，凡事她都能找到理由訓斥蘇格拉底，讓他無法期待她的溫柔對待或讚賞。

然而，蘇格拉底似乎很有耐心地接受這樣的命運，並且和後代許多男性一樣找到自己的退路（只是他選擇了走進公開的廣場，而不是躲進小酒館或沉溺在自己的嗜好小作坊裡面）。蘇格拉底甚至還把有這麼一個嚴厲的老婆視為挑戰。最終，他更以這樣的方式磨練得更有耐心地與其他人相處，並以此理解

＊ 譯注：德文有發怒的意思。

他們及他們的思路──於是，家內暴君反而成為了哲學學校。

　　就尼采（Friedrich Nietzsche）說的，或許蘇格拉底還要感謝他的妻子讓他的日子那麼難過呢！由於贊堤佩的緊迫盯人和隨時準備好羞辱蘇格拉底的表現，反而「教會他走進市井，進入大街小巷、深入各個可能有人閒蕩的角落，把他訓練成一個偉大的雅典街頭哲學家。」無法忍受長時間待在家裡，為了逃避日常生活中的暴政，走向人群進行辯論，看來是成為成功哲學家不錯的條件。

　　互相雞蛋裡挑骨頭、想要改變對方或想讓對方變得更好，幾乎成為現今婚姻中常見的現象。從來不覺得她做哪件事順眼，總有辦法找她的麻煩。婚姻關係中的「贊堤佩」角色，無論是男性或女性，通常只是說明不是不在乎對方的表現，或他的穿著，或他如何與人相處。一方認為是為了對方好，才給「建議」。倘若對彼此毫不關心，那恐怕才是更嚴重的狀況。雖然似乎沒有那麼多挑剔和抱怨，但同時也是無所謂的跡象。理論上聽起來不錯，但實際上多數人應該還是比較希望得到對方的關心。

安靜的暴力

　　接下來這一對在一起已經十三年了，兩人一起經歷過很多事、共同完成很多事，也一起解決了許多問題。他們還有兩個

女兒，一個六歲，一個九歲。幾年來這家人都在城裡租房子，現在終於要有自己的家了，甚至離城裡有點距離。一家人住在鄉下屬於自己的房子裡，這夢想終於就要實現了！他們在鄉間找到一塊建地。這家人期待生活在離塵不離城、已開發的鄉間環境。她是自營商，她的工作很大部分可以在家上班，不用每天進到漢堡市中心的辦公室。無論建築經費或是貸款對他們來說都不是問題──雖然過去一直過得還不錯，但往後的生活就要更好了。

　　他們訂好搬家公司，新家的家具也已經搬過去了，城裡租的房子也解了約，原本就要展開一起計畫好的新生活。然而，就在正式搬入新家的前幾天，她突然反悔了。而且不只是現在剛好不想搬過去，是之後也不會過去住了。「卡琳改變主意了。」做丈夫的只說了這麼簡單一句，但言語裡透露出那麼點失望地對朋友說。

　　「這麼多年後，我終於也可以做點我想做的事了。」對於突然改變心意，卡琳這樣解釋：「過去湯瑪斯總是決定所有事情，什麼都依照他的想法和期待進行。」卡琳終於說出其他原因。兩人之間顯然沒有第三者，卡琳也沒有類似環球旅行之類的人生大計畫，就連出家躲進修道院這種事，她是活到現在想也沒想過。她只是想獨立過生活。「終於也可以做點我想做的事了。」她反覆強調的就只有這句話。她不想再為丈夫的人生計劃或期待活著了，顯然就是這樣的想法刺激她做出如今的決

專欄

他平時不是這樣的，可是……

　　男人接近四十歲，在朋友圈或熟人圈中頗被看重。總是有創意、風趣、生活多采多姿，而且常關心周遭的人。一大群人晚上去戶外酒館喝啤酒時，他很會帶動話題、很有魅力。面對女性也很體貼又周到。

　　不過，如果在一起好幾年的女友在場，就不得了了。他會說，他對她不只是喜愛，簡直愛不釋手──但這說法可沒人感受得到。如果她──以他的觀點來看──比如輪到她說話時，講得太慢或陳述事情太過冗長，他就打斷她並且插嘴幫她代言。他還會數落她說的內容「太無聊了」，有其他人在場的場合，只要是她說的、做的，他總要批評上幾句。而他看她的眼神，總是帶著輕蔑，有時甚至還帶有敵意，那眼神就好像把她當作「小蠢貨」。這類聚會多半不是那麼愉快，在場的人都想保護這個年輕女人，然後請他們的共同朋友停止這種侮辱人的行為。

定。最後，他搬進恬淡平靜的鄉下，她則繼續留在城裡。

　　當瑞士心理分析師卡斯特聽到那對夫婦搬家沒成功的故事時，對於女方的行為，她以「沉默攻擊的最高表現」來形容。「除此之外，她沒有其他方法可以更明確表達她的不滿了。她

這是嚴正讓對方知道，她受夠了兩人共同的生活了！」卡斯特表示。

　　卡斯特深入探究卡琳受到丈夫長期帶給她的侮辱，以及卡琳以她的決定表達憤怒的方式。「畢竟新房子會一直有兩人分手，以及兩人最後沒有一起搬進去住的陰影」，這樣的陰影會不斷掩蓋原本遷新居的喜悅。至少，只要男方住在那裡，然後每個星期接孩子過去住，陰影都會一直存在。

　　審視事件時，很多人會先看到卡琳將強烈的情緒暴力施展在她丈夫身上。她以極盡可能的最大衝擊帶給他巨大的震撼。到底之前發生了什麼，讓她要做出這麼激烈的反應？對此卡琳提到多年來受到壓抑與缺乏依靠的感受。應該是她的需求長期沒受到關注，以至於有一直不受重視的印象，只是她無法和他說清楚。其實她早就可以和他明說，到底自己要什麼，或什麼對她很重要，而不是直到最後承受不住壓力，以強力的羞辱作為回應。

「她在床上簡直就是個蕩婦！」

　　另一個例子：這段婚姻已經通過無數考驗。幾乎只有高低震盪，簡直像搭雲霄飛車。當初為了征服她，他可是用盡心思、圍著她轉。她也是突然放下一切，只為了跟他在一起。接下來兩人也一起在國外度過了幾年美好時光。排場大的影院、

你可以這樣做：吵架可以，但要用對方式

衝突和吵架常被視為關係不良的訊號。這個認知有誤，因為坦然地爭論透露了仍然關心彼此的信息，而且表示關係還很熱絡。這代表並不是不在乎對方。當另一半對以前感到生氣的事，現在卻表現得無關緊要，這時才真的該拉警報。

因此，寧願吵架，而不是滿不在乎。

然而，吵架的方式對雙方的身心健康都很重要。如果有一方在衝突中不斷貶低對方，並把對方的行為一概而論（這類説法，比如：「你總是什麼都能忘記。」、「你怎麼每次提到這個，講起話來就跟你媽一個模樣。」、「你從來就沒把我的話聽進去。」），就可能持續傷害對方。如果想改善這樣的情況，最好向對方表達自己對他的認同與尊重，並讓對方明確知道，現在吵架只是針對當下發生的這件事。

更健康的作法是：比起帶著尊重和善意的爭論，倘若這場架吵得越來越有敵意，甚至已經讓人感到侮辱，也造成了傷害，有害的壓力分子明顯會在體內停留更久。連帶傷口的癒合也會受到負面影響，使得明顯感受痛苦的時間更長。

濃烈的激情……。兩人過往的一切幾乎都可以寫成八點檔。

　　兩人在一起也十八年了，堪稱家庭美滿。兩個孩子也上了高中，體育方面有不錯的表現，而且在學校裡只有偶爾一些小問題，聽起來至少也算得上是好事。雖然付出不少心血，但好歹把這個家安排的很舒適。有自家的房子、偶爾有社區活動、或到鄰居院子享用烤起司爐、有不錯的工作、星期六固定跑一趟資源回收廠丟資源垃圾、穩固的朋友圈、定期度假、過著一般大城市周邊蛋白區的通勤生活。這樣的人生還有什麼好奢望的？

　　但是，某天他坦承了出軌的事實。外遇，而且他想永遠結束兩人的關係。就像她說的，事情來得好突然。他覺得自己受夠這段關係了，而且他欺騙了她。一陣沉默，她嚇到愣在那裡。他又接著說：出軌不是一次而已，他有過好幾次外遇，就是不斷發生。一開始他說了幾個女人的名字，提到幾個陌生城市，描述那些不知名旅店內部的陳設。然後又說了偷情當下，他對那些女人，或那些女人對他做的姿勢和其他一些相關的事情。

　　他清清楚楚地細數著有過幾段關係、那些女人的名字，還有和她們上床時有多激情。如果有朋友聽到他這番話，應該都想勸他幾句：「好了啦！我沒想知道這麼多細節。」彷彿告知外遇這件事還不夠羞辱人，他非得在每段故事中強調，其他女人在床上的表現都有多好。「她在床上簡直就是個蕩婦。」他

不時這樣形容外遇對象。

　　只是告知這些內容對他來說好像還不夠。他像對著巫毒娃娃一樣，不斷往他太太的心裡插上新的針和毒箭。他要她知道，他對她到底有多不滿，所以鉅細靡遺地描述每次在旅店房間的約會、擁抱，還有那些在床上像特技一樣的交纏。

　　就他周遭的人說，他本不是什麼特別壞的人，但現在他就是要報復。不只是因為他想羞辱她，也因為他對自己感到憤怒。他氣自己錯過了很多機會，讓那些無味的日常瑣事繼續像一群蟲子，不斷啃食他已經腐壞的婚姻關係。他最遺憾的是自己錯過了時機，沒有及時讓太太知道自己有其他需求和慾望，覺得在婚姻關係中沒得到滿足。

　　他幾次外遇的背後，比起對太太的不滿，其實他更氣自己。對沒體驗過的人生充滿想像、同時又感到不安以及缺乏讓對方了解真相的勇氣，都讓他跨出了極端的那一步。當他把那些對象的名字一個個說出口，那當下他反而感到某種解脫。

　　這對夫婦後來真的走上了決裂的路，當然少不了砸花瓶之類的爭執場面。不過令人意外的是，幾個月後兩人竟然和好了。她的幾個女性朋友都無法理解。但兩人都反省了自己，然後察覺到有多思念對方，也感受到即使在發生這麼多事後，彼此都覺得對方在自己心裡還是非常重要。於是兩人很快又搬住在一起，而且心意都很堅決——比如，對於想要的、需要的，以及覺得對方做不夠的，未來都要盡早提出來討論。

　　雖然他終究徹徹底底傷害了她，兩人最後還是決定重新在一起。這場情緒暴力雖然很激烈，但他們察覺到彼此都很需要對方。因此決定一起克服那些怒火與傷害。因為這段感情比起這期間造成的那些傷害更濃烈、更重要。而且她也意識到，雖然他非常氣她和他自己，但終抵──他依舊愛著她。

強索愛的證明

　　「讓我知道你愛我！」能讓一段關係極度感到壓力的要求應該不多。尤其如果這裡的要求專指性行為而言，而且這裡性行為的主要作用是修補缺損的自尊，或只是為了平復關係中的不安全感。這樣的性行為非但無法讓關係更穩固，也無法讓人從中得到滿足。

　　「帶有憂鬱色彩的性行為其實非常普遍。」凱特‧懷特（Kate White）冷靜地說。她是倫敦心理治療培訓機構鮑比中心（Bowlby Centre）的心理治療師，她指的是帶著哀傷在一起的關係，也就是兩人都察覺到，即使肉體親近了，仍然可以感到十分淒涼與孤獨。所以她給長期伴侶關係的建議是：性行為寧願次數少，也不要品質不好或是沒有愛。

　　科學實證警告，不斷對多年伴侶索求性行為的人通常缺乏自信，因此需要不斷要求證明，驗證關係真的還處於存續狀態。這種人不信任彼此關係的深度，或感受不到彼此的親近

——因此試著藉由肉體上的接觸重建欠缺的親密感。這樣或許可以激起短期的信任感，卻無法持續較長時間。

此外，這樣的方式會造成關係中的不平衡現象，讓自己更依賴對方。當其中一方不斷需索關愛與溫暖，另一方就掌握了權力，並可能因此操弄手中的權力，刻意拒絕對方的需要——或以高姿態敷衍地說幾句話，企圖就這樣打發彼此的親密關係。以這種方式讓另一半順服無法讓關係維持和諧，而且以施捨的心態給予對方些微的關愛也並非關係穩固的表現。

「持續的安全感與頻繁、品質好的性行為具有排他性。」有些心理治療師如此表示。然而，實際上在一起時間久了，容易因為過於熟悉，要再讓對方感到驚喜反而變得困難。因此，從科學觀點上並不難理解，在一起多年的伴侶談的不是彼此的激情，而是基於成熟的愛，讓彼此的關係進入另一個新階段，或是——反正性行為已經被高估的情況下——進入關係中另一個特別穩定的階段，或是兩人的分手就在眼前。[1]

當兩人在一起超過五年，通常已經過了那種難分難捨、濃烈激情的階段。如果還有人在一起十年或十五年後仍然經常發生性行為，那麼這樣一對伴侶如果不是例外，就是他們維持著一段情感上非常不穩定的關係。他們的關係就好比搭上雲霄飛

[1] Bartens W: Was Paare zusammenhält. Warum man sich riechen können muss und Sex überschätzt wird. München 2013

車的情感，不斷需要證明彼此還互相愛著對方。事實上，真正幸福的關係應該不是這樣。

「我們在伴侶關係中性行為的表現方式，其實反應了人生早期的依附經驗。」布里須表示。從與父母的依附關係中感受不到安全感，或甚至覺得自己受到失去焦慮威脅的人，未來更容易想要牢牢捉住另一半。他隨時擔心自己會因為做錯事而失去對方。害怕自己不夠好，或是怕自己不值得對方關愛的焦慮會不斷啃食他的內心。

如果有人覺得自己必須不斷討對方歡心，這樣對彼此的關係以及自己的心理，都是不健康的心態。所以，相較於有自信的人較少在關係中出現出軌的行為，有些處於焦慮或懷疑自我的女性不斷更換性愛對象。而且較有自信的人第一次發生性行為的年紀通常也較年長。情緒穩定的人，不會反覆要求證明，因為他知道自己值得被珍視、被渴望與被愛。在幸福中成長的人，由於擁有豐美的情感經驗，很清楚這種感受。

本 章 重 點 回 顧

1. 情感關係中的人常發展出兩人專屬的破壞伴侶關係的方式。從小小的惡意玩笑到較嚴重的侮辱都可能發生。當關係中破壞性的比例佔得較多，而且不是短期的憤怒爆發，而是刻意侮辱對方時，就達到情緒暴力的界線了。

2. 在壞掉的伴侶關係中，把性當作一切對於關係並不會有正面幫助。當一段關係持續多年後，兩人減少上床的頻率是很正常的事。理想情況下，關係建立之初的狂野激情這時應該進入到更深刻的理解與信任。以性強索愛的證明，只會帶來更大的空虛與失落。

3. 愛情往往是不平對等的。只要兩人都知道與對方在一起很好，那就沒有問題。但如果其中一方的弱點或是另一方的依賴被利用，就可能淪為長期情感虐待的被害者。

4. 伴侶關係或家人間的爭吵不完全不好或有害。相反地，如果面對對方的特點還冷漠以對，反而就該亮起警示燈了。正確的衝突確實需要學習。有建設性的爭論可以洗滌關係，而且帶來解決方案。破壞性的爭論相反地只會帶來傷害並使人生病。

第七章

職場中的貶抑

　　一名54歲的病患因睡眠障礙和情緒煩躁不安前來尋求治療。他擔任一家美國集團的高階管理人員多年，自認在公司扮演舉足輕重的角色。但套一句他自己的說法，不久前他被公司「拋棄」了。雖然他也曾經熱中於各種運動、身材修長、挺拔。但過去這幾年，他為了工作，忽略了自己的身體。現在他的體型臃腫，幾乎已達肥胖等級。不僅如此，他還經常感到煩躁不安、情緒緊繃。對於遭到公司如此粗魯地對待，他感到痛心，幾乎難以啟齒與他人討論這件事。

　　畢竟這一切對他來說都是陌生的，因為一路走來，他都是人生勝利組，成功總是與他同行──直至不久前。學校畢業後以及開始工作以來，他的事業扶搖直上，人生貼滿了無數個成功。他來自一個成績至上、感情封閉的家庭，因此得到的批評遠比讚美來得多。這樣的病患對醫生來說是一大挑戰，到底要親近他呢？還是保持點距離呢？醫生評估的結果是，當他在治療過程中有所進步時，應該無法接受別人太親近他，也不能一

次給他太多讚美。此外，還必須考量到他那自戀的靈魂。

　　在這種困境之下，他需要一個能增加自信心的成功，他不需要他人的建議，反正他也不會接受。他或許未意識到解雇背後隱藏的情緒暴力，但治療給予他的支持有助於讓他重拾對自身能力的信心。一個能夠以他所需求的方式與他對談的醫生或治療師，才能讓他的情緒得到救贖。而他所需的方式就是：保持適當的距離。如此才能讓他獲得全新的正面經驗，重新平衡他的工作挫敗感。

老闆的當眾羞辱

　　職場上曾經盛行過一種所謂的「興師問罪」的酷刑，親身經歷過的員工無不聞之色變。過去福斯汽車發生重大問題時，大老闆們至少要知道該如何回答媒體的問題，因此高階主管們必須在公司最高層級的大老們面前發言並回答問題，就連福斯汽車前CEO馬丁・文德恩（Martin Winterkorn）也經常是座上嘉賓。

　　在這種所謂的興師問罪台上，他們必須親自為自己辯護，解釋事情的進展為何不如預期。面對眼前權力失衡的浩大陣仗中，他們只能絕對服從地呆站眾人面前，像個被老師罰站的愚蠢小學生，概括承受一切羞辱。

專欄

來自部長的測試

美國傳奇外交部長亨利·季辛吉（Henry Kissinger）有一次新聘了一名員工。該員工剛上任，季辛吉就讓他撰寫一份篇幅頗長的報告。新員工卯足了勁完成了報告，卻得到這樣的回應：「您在大學就學到這些嗎？」這名年輕員工重寫了報告，但季辛吉又說：「沒有辦法再更好了嗎？」於是新員工挑燈夜戰，把報告又修改了一次。這一次季辛吉把他叫來，問道：「這是您能交出最好的報告嗎？」這時年輕人已經忍無可忍，怒回：「是啊，該死的，不可能再更好了。」季辛吉滿意地回答：「好，那我現在就來看看……」

這件事現在聽起來似乎無傷大雅，因為這位年輕人很快就晉升為季辛吉親近的幕僚，且在季辛吉身邊工作多年。這件工作顯然是要測試他的耐性和適用性，但儘管如此，其背後隱藏非常不可取的態度和情感羞辱，這或許是五零和六零年代典型、但希望現在已不復存在的權力關係：季辛吉不僅清楚地表現，他擁有話語權，可以肆無忌憚地根據自己的主觀判斷退回工作，要求重作。他的質疑也表示這份報告還不夠完美——雖然他連看都還沒看。在下屬修改兩次後，他才慢條斯理地從專制統治者的寶座走下來。

　　根據多位福斯汽車員工所述，早在排放欺詐醜聞爆發更早之前，位於德國狼堡（Wolfsburg）的福斯汽車公司就有這種「興師問罪」的制度。高階主管必須在一間辦公室外面等候，直到被點名才能進去。進去後，他們眼前的桌上擺著從引擎或廢氣排放系統上取出的故障零組件，或是被客訴的技術細節，讓工程師和技師們直接面對他們實際過失或無心之過的結果，並為自己辯護。為什麼會出錯？為什麼會發生這種事？他們那時候腦子裡在想什麼？這些中高階員工、高薪工程師被推到大老闆的面前羞辱、貶謫，他們必須說明他們大多無法解釋或甚至未直接參與的事情。

　　想想看：老闆將病人麻痺的大腿放在資深外科醫生的面前，質問他為什麼沒治好這條大腿的病理因素，或是被死者家屬團團圍住，被主任醫師當成犯人一般質問；警察必須在遭搶的珠寶店裡公開他的調查策略並沒有疏漏；採購員則必須解釋商品瑕疵的始末。

　　列舉上述這些情況是以錯誤細節為例，揭露企業的強權統治惡習——誰有話要對誰說？那是企業舊有且僵化的權力金字塔模式。大家一定都聽過：「大欺小原則」、「這裡誰是老闆？」、「他們要找代罪羔羊，會是誰，一定都是我」、「人家問你，你再回答」，或其他美化階級制度的委婉說法。

　　據說，福斯汽車的員工個個一把眼淚一把鼻涕、垂頭喪氣地離開那間興師問罪的辦公室。但在那個過程中，顯然地，相

關人員並沒有機會平心靜氣地坐下來，以對等的態度好好討論出錯或故障的原因。否則或許就能早一點釐清排放欺詐醜聞或甚至阻止醜聞發生。這種興師問罪大會的目的更像是找出罪犯，讓他良心過意不去，但對於解決問題完全無濟於事。只是更清楚地讓大家知道：集團裡真正的老大是誰。

變態優越感的「暗黑三合會」

　　對錢少、事多又極盡卑微的小職員而言，值得慶幸的是：他們雖然低薪、工作繁瑣，還必須不時對主管鞠躬哈腰，但他們至少在道德上擁有優越感。因為他們的老闆雖然有權有錢，但個性大多令人不敢恭維。

　　最受員工愛戴的傳奇老闆非變態老闆莫屬。根據心理學家的理論，冷酷和自戀是領導人的特性，特別是在金融市場上，此外，大家常喜歡將富人和成功者與缺陷人格劃上等號。八零年代以來，湯姆・沃爾夫（Tom Wolfe）（名利之火）和麥可・路易斯（Michael Lewis）（老千騙局）的著作深刻描繪貪婪又不擇手段的銀行家為了成功交易，不惜踩著他人的屍體或出賣自己的親人。

　　有些人在事業上的成功有時候確實歸功於擅長的自我行銷和冷酷無情的執行力，但這不一定能讓他們飛黃騰達。美國丹佛和伯克利大學的社會心理學家甚至證明，具備這些負

謹慎為上

　　重視傳統的人們仍以雙方握手表示成交。於是滿懷雄心壯志的年輕人就這樣帶著老婆和一對雙胞胎遠從德國的萊茵（Rhineland）地區北上來到漢堡。小孩已經開始上九年級了，原來的公寓早就退租了。下個月終於要開始新工作了，未來老闆答應他，要給他一個管理職務。

　　但上班日後來延遲了，一開始延了四星期，後來又延了三個月，最後甚至無限期延期。兩人過去交情還算不錯，但當他打電話給新老闆時，總機不幫他轉接，對方也不回他EMAIL。他逐漸意識到，這個工作恐怕沒著落了。後來他收到人事主管的訊息，表示公司的業務情況不佳，將暫停招募新員工。

　　頓時，他覺得自己愚蠢至極，又像個對人搖首乞憐的哈巴狗。他從光芒四射的自信男子變成了一個茫然的沉思者，他不時自問，自己究竟做錯了什麼。然而問題不在他，是這家公司突然暫停招募，讓他陷於不確定性之中。八個月之後，他終於找到新工作，必須重新搬回原城市。這一次他在合約拿到手後才搬家。

面特性的沖基金經理人，表現就不甚理想。[1]「暗黑三合會」就像是馬基維利主義（馬基維利是義大利政治家和歷史學家，以主張為達目的可以不擇手段而著稱於世，馬基維利主義（machiavellianism）也因之成為權術和謀略的代名詞）、自戀和無道德主義的致命性混合，雖然可能有利於職場升遷，但卻對最終成果毫無建樹。

研究學者收集了101位對沖基金經理人的個性資料，分析他們在2005至2015年間的投資和獲利以及風險特性。相較之下，那些傾向於變態人格的經理人在獲利方面比其他人少了一個百分比。這個差異看似雖小，但投資金額龐大且多年下來，獲利金額的差異也頗為驚人。其他的研究結果發現，有變態人格的投資者喜歡冒更大的風險，但所得到的利潤卻與其他心理健全的經理人不相上下。

「我們或許應該檢視一下我們認為冷酷和情緒冷感是成為銀行家有利特性的偏見」，該研究負責人丹佛大學的黎安娜・天布林克（Leanne ten Brinke）說道。這些人格特性不僅無法提升工作效能，甚至還可能產生反效果。」更出乎意料之外的是，這些基金經理人甚至只有少數人能戰勝自己的人格黑暗面。

---

[1] Ten Brinke L, Kish A, Keltner D: Hedge Fund Managers With Psychopathic Tendencies Make for Worse Investors. Personality and Social Psychology Bulletin 2018; 44: 214

　　早期研究也證實，政界中也不是那些自大狂和冷血者才能平步青雲。那些具有變態人格特質者提出的法案草案或申請普遍獲得較少支持，他們在選戰時也鮮少外援。

　　有建設性以及合作意願的工作氣氛遠比高壓和階級制度至上的團隊，更能為公司帶來利益，無論從經濟效益或心理層面的角度來看。對政治和下一次的選舉而言，這項認知非常重要。「如果要選擇政府官員或大公司的管理階層，我們不應該支持那些冷酷無情以及自認貫徹力十足的候選人」，作者們這麼認為。

　　有一位女性員工感到忿忿不平，因為感覺被排擠。部門職務調動後，新工作對她來說很吃力，她對上司的無理安排覺得氣憤。此外，上一次早該輪到她升遷，公司卻隻字未提，直接跳過她。當她想針對這些事情與主管約定時間會談時，老闆的反應令人為之氣結：「我現在沒興趣跟您談這件事」，主管直接了當地說道。

　　但是這件事跟主管是否有興趣無關，處理人事問題，並找到解決方法是他身為主管的責任。他的態度非常不專業，他的回應等於當面給了這位女員工一巴掌。她應該立刻意識到，不是她有問題，而是主管沒有盡到應盡的義務。

　　這是個極端的例子，大多數情況是老闆以沒時間當作藉口，來拒絕會談。員工之後再與主管約時間時，又得到相同的

回應，時間一延又延，漠視員工的權利。久而久之，員工隱約會有不受到歡迎或至少不受公司重視的感覺。可惜，這種型態的拒絕和漠視方式在職場上履見不鮮，可稱之為被動式的情緒暴力。

公司權力的展現

51歲的工程師事業有成，人緣也極佳。他在一家跨國汽車集團中擔任大型工作團隊的負責人。他很有責任感、友善、風趣、健談。基本上，同事們下班後都喜歡跟這樣的人去喝一杯，也喜歡和他共事。他雖然擁有一份長期的工作合約，但公司採美國模式，不時會關閉整個部門或整個分公司移至國外，所以他希望再找其他工作。畢竟他有家庭，不希望突然被解雇或這裡的分公司關閉後自願資遣或被迫調到英國或美國。

到一家國內大公司應徵的初期反應似乎還不錯，跟當地工作團隊主管聊了幾次，也都很順利，相談甚歡，雙方很快就對未來的工作目標和任務領域達成共識，他們也很期待能有經驗豐富的專業人員來強化他們的團隊，看來轉換跑道的時機指日可待！現在就只剩下與人事主管會談，但那應該只是形式上的例行公事。只要新工作的薪水不要和以前差太多，應該就沒問題了。

　　然而，和人事主管的會談結果不如預期，之前不是都談好了嗎？他對於人事主管提出的不專業問題感到生氣。當她問他有關未來目標、如何達成、自己最大的弱點、優勢等問題時，並沒有直視他的眼睛。接著又問及他截至目前為止最大的成功是什麼，他回應的態度非常友善，回答毫不遲疑，表現自信，但不炫耀，雖然他感覺有點反常，因為人事主管和他說話時，幾乎不曾抬頭看他。

　　三個星期後，他接到人事部門的電話。他以為應該會被錄取，很高興終於接到新公司的通知。但結果正好相反，他被通知未被錄取，而且這通電話內容非常簡短，沒有提及任何理由。他感到相當困惑，畢竟應徵過程中他和未來的主管相談甚歡。他在電話中問及原因：是不是他的預期薪水太高？還是公司認為他不適合這個團隊？或是年齡因素？「有關未被錄取原因，本公司恕不奉告」，電話那頭傳來簡潔的回應，「透露未錄取原因不是本公司的風格」。

　　用「風格」當理由也太奇怪了吧？無論是在學校、家人之間或職場上，沒理由地被拒絕讓人更痛苦。無端被拒絕會令人產生巨大的不確定性，因為我們會對自己產生懷疑，苦思自己究竟哪裡做錯了，於是開始對自我的信心動搖。加州心理學家娜歐米・艾森貝格爾（Naomi Eisenberger）的研究結果顯示，被社會排斥甚至會導致生理的疼痛。痛感的閾值因此改變，人

會變得更敏感，免疫系統的活動力降低。[2]整體而言，被拒絕會對人體的許多功能產生負面影響。

這也是因為人類不管發生任何情況，都渴望得知原因——我們總是希望在發生不幸之後，也能了解其源由。這位工程師對於為什麼會與他夢寐以求的職位失之交臂的困惑和不確定性將久久縈繞在他心頭，他會不時想起這件事，懷疑問題是不是出在自己身上。

公開錄取與否的原因，對人事部門而言理該不是問題，與並不會洩漏商業機密或其他內部隱私事務。他們不願意告知理由，只是證明了這是一種常見的展現權力的模式：我們不僅決定錄取對象，公開或不公開的資訊，也掌握在我們手上。「知識就是權力」這句話早就應該再加上：「不分享知識，才是更大的權力」。

---

[2]　Meyer ML, Williams KD, Eisenberger NI: Why Social Pain Can Live on: Different Neural Mechanisms Are Associated with Reliving Social and Physical Pain. PLoS One 2015; 10: e0128294

Muscatell KA, Dedovic K, Slavich GM, Jarcho MR, Breen EC, Bower JE, Irwin MR, Eisenberger NI: Neural mechanisms linking social status and inflammatory responses to social stress. Social cognitive and affective neuroscience 2016; 11: 915

面對排擠

　　排擠和羞辱有多種不同的型態，例如：直接和間接。肆意地表現不滿和反感，雖然缺少了神秘感，但至少讓對方清楚知道敵人在哪裡。但是也有人會以低調的方式向某人表明他不想與對方有任何瓜葛。這就更卑鄙了，因為當事人一開始並未察覺自己被排擠了。

　　例如：那個全公司最沒人緣的同事，他已經來公司兩年了。每年春天，全公司有一半同事都到外地參展，他也是其中一員。大家都下榻在同一家飯店、在同一個攤位工作，總不時會不期而遇。

　　晚間大家離開攤位後，有些人早早回房睡覺，有些人則計畫再去小酒館喝一杯。這位不得人緣的同事一派天真地問了大家：「你們早上幾點吃早餐？」隔天早上快九點時，他準時出現在餐廳，但餐廳裡看不到公司的任何一位同事。奇怪，是他太早或太晚到了嗎？還是他聽錯時間了？這時正巧一位同事從洗手間回來拿他放在餐廳裡的手提袋，他早就用過餐了。他只是輕描淡寫地說道：「哦，我們八點十五分就集合了，你不知道嗎？」

　　隔天早上，又是相同的戲碼。這位同事又問了另一批同事幾點用餐，他在約定的時間來到餐廳，但最後還是獨自用餐。後來在會場上，一位同事順口提到他們今天早上約在飯店外面

的咖啡廳吃早餐，而且之前早就約好了，沒人告訴他嗎？

　　第三天，他又被放鴿子，這時他才明白這殘忍的訊息。三次被故意以錯誤的時間誘引到錯誤的地點，這個訊息又明確、又令人痛苦：他們不希望他出現在他們周圍，但沒有人願意老實告訴他，他被迫以極為羞辱的方式得知。後來在會場上，幾個同事虛假的友好問候，更加深了他的痛苦。

　　這是對一個人最惡劣的羞辱方式，意識到這項訊息時，當事人不可能不自我懷疑。一定是因為我？該怎麼辦？被大家強烈排擠時，當事人一定會想同事們為什麼會這樣，大家一起用餐，我為什麼不能參加？自我批判的想法一一閃過當事人腦海。但當事人不能一直停留在自我找碴的階段。建議直接找幾個同事對話，並清楚告訴他們，這種排擠方式是不對的。開誠布公地談開為什麼他們不願意接納當事人的問題，或許雙方都很難跨出這一步，但至少是打開天窗說亮話。否則一而再地放人家鴿子，也不是理性的待人之道。

「未完成者」的考驗

　　曾經有一個學術活動，其實只是一個小遊戲，但應該可以說是因應未來突發狀況的練習。有一群人定期每兩星期在歷史教授的辦公室聚會，這個團體自稱為「未完成者」，成員來自四面八方：有芬蘭的象棋大師、埃及古物學者、歷史、哲學和

日耳曼學系的學生等。來自不同學系和學院的成員共聚一堂，他們的目的是練習自由表達，同時學習辯論文化。

活動成員自由參加，不打分數，只有幾個簡單的規則。每次聚會時，會有一位成員準備大約十五分鐘的演講。演講主題是其次，主要是不看稿演說，不能有任何手稿或其他書面文件輔助。十五分鐘後，由另一位成員總結剛剛聽到的演講內容，他同樣也不能做筆記。緊接著再由另一位成員補充前面那位成員總結時忘記的部分。三個人演講完之後，接著簡短討論這份演講的結構，然後再討論主題。

有一次，正當一位成員演講時，教授突然站起身。這位學生正說到一位十六歲就會寫詩的早期抒情詩人。這時，教授緩緩走向書架，轉過身背對著演講者，似乎正在找尋一本非常重要的書籍。

演講者感到困惑，怎麼一回事？教授覺得他的演講內容很無聊嗎？還是他對於他剛所說的內容有疑慮，所以要查看資料？或者這兩種猜測都不對，還有其他原因。這位學生演講的時候不自覺地不時搜尋教授的眼神，試圖引起他的注意和好感。但現在兩人之間的眼神連結中斷了，演講者的心懸在空中，不知道怎麼辦才好。

經過一小段忐忑不安後，他決定繼續完成演說，畢竟辦公室裡還有其他的觀眾。演講學生試圖將眼神集中在他們身上，引起他們的目光和注意，而他也確實辦到了，最後終於毫無意

專欄

意興闌珊的觀眾

　　大學老師正要開始介紹他的計畫，他想說明如何運用他目前申請的獎學金。但評審主席慢條斯理地拿起報紙，翻到體育版面。他整個臉都埋在高舉的報紙後方，台上正在發表的老師頓時不知所措，露出求救的眼神看著其他人，但最後也只能怯怯地繼續說下去。

　　有很多方法可以讓大家知道，誰擁有發語權以及人家根本對你說話的內容興趣缺缺。決定獎學金或贊助申請的評審會議和面試一樣：無論是誰在進行簡報或說明計畫內容——學生、學徒或教授，一點都不重要。看報紙是一種非常明顯的貶謫形式，忌無肆憚地讓應徵者知道，他的命運掌握在評審、老闆或其他決定者的手上。

外地完成了演講。但他還是感到一絲悵然。演講結束時，氣氛先是尷尬地凝結。這時，教授回到位置上，解釋他剛剛令人驚訝的舉動的目的。因為他想要測試一下，如果有人非常自信又從容地干擾某人的演講，演講者還是能面不改色地繼續未完的演講嗎？原來這全是教授的刻意安排。

　　這個欺騙出自於好意，絕不是不尊重演講者。教授其實更希望讓成員了解未來生活中、講台和舞台上可能會出現的現實

電影《生死攸關》

　　這種經典的場景出現在德國電影導演恩斯特·劉別謙（Ernst Lubitsch）1942年在美國電影院上映的喜劇電影「生死攸關」中。電影講述一家華沙劇團應用他們的演技與納粹鬥智的故事。每當出現莎士比亞劇中哈姆雷特經典的「存在或不存在」對話時，坐在前面幾排的一名上尉就會站起身，匆忙地離開劇院，每天晚上都如此。

　　自視甚高的男主角感覺嚴重被羞辱，認為上尉的行為非常不尊重他的表演藝術。但心裡越來越擔心之後的幾場演出。他將觀眾中途離席一事歸咎於自身，感到絕望，甚至面臨嚴重的表演事業危機。劇場表演時，時有觀眾中途忿忿地甩門離開，表達不滿，這種情況司空見慣。但把觀眾的無禮行為完全歸咎於自己，未免太過於自我中心。但這部電影卻誇張地呈現出來，因為劇情要凸顯男主角對表演藝術的無謂擔心與同事想盡可能拖住納粹的計畫之間的強烈對比。此刻乃生死交關之際，表演精不精彩、成不成功，已經不重要了。劇本又透過另一個精心設計，讓男主角的反應更顯可笑：後來才知道，原來年輕上尉之所以中離離席，是為了在衣帽間與愛人——也就是飾演哈姆雷特

的男主角的夫人——幽會。中場離席就是為了確認，她的
丈夫正在舞台上忙著。而這位哈姆雷特無意間也給了這對
秘密幽會的情人一個訊號。

共通性，畢竟在現實中，不時會有聽眾在演講進行中眼神渙
散、打哈欠或甚至打瞌睡或離席。如果演講者馬上將這種現象
歸咎於自身，很快就會被激怒或甚至覺得受到羞辱。

對於演講者或演員而言，當然難以忍受這種顯示索然無味
和漠視的肢體動作。就看演講者的自信是否堅定或脆弱不堪，
這些動作可能讓演講者極致失控。所以當事人千萬不能認為這
是針對個人。觀眾出現這種行為可能有很多原因：或許那個人
剛忙完辛苦的工作，只是累了；或許他剛好急性腸胃炎，或者
他正急著打電話給病重的母親……總之絕大部分的理由都與
演講或表演內容無關。

有一次發生在德國大學的講座事件也令人難忘。講師正滔
滔不絕地說著，突然一陣騷動。觀眾們都注意到，那莫名的聲
響是從隔壁傳來的，與講座內容和演講者無關，唯獨演講者沒
發現到這一點。他逐漸感到不安，開始語無倫次，最後還發出
顫抖的聲音說道：「各位女士、先生，請保持肅靜！」

老闆的權力

老闆有無數種方式可以表達他對員工和同事的蔑視和不尊重，傷害他們的情感。有些殘酷又無情，有些則是低調隱約——但其殺傷力一樣令人受傷和痛苦。

羞辱下屬的傳統方法在許多公司和企業已經變成了傳說，在這些傳說中，老闆被比喻成最好不要去招惹的「瘋狗」。在這個二十一世紀有著彈性上班時間、Home-Office 和隨時都能找到人的職場上，這種僵硬的階級制度顯然已經過時且不合時宜了。

但這不只是因為人道主義和愛鄰人的思想突然蔓延到辦公大樓，但更多是因為坊間流傳著職場的恐怖管理也可能影響到企業的成功和生產力。老闆早就知道，如果要刺激員工發揮潛能、啟發創新，應該鼓勵和支持員工，而不是老是挫他們的銳氣。強化優勢，而不是利用他們的弱點，不僅從經濟的角度來看，都是放諸四海皆準的原則。

因此，無論從什麼角度來看，在部門同事或甚至整體員工面前羞辱和貶低同事，都是不對的。因自己位高權重，就要羞辱他人或公開展示自己的權力地位，不僅會讓自己不得人緣，自己的地位也無法長久，至少在組織扁平化以及採合作模式的企業中。

在公司被當眾羞辱所帶來的傷害和痛苦非常巨大，再加上

羞愧和內疚的情緒，會讓當事人陷入極端的痛苦之中。在同事面前被咆哮或被罵白癡、沒用或低能之輩，會在當事人心上劃下深深的傷口。

　　被主管羞辱更會帶來生理上的疼痛，特別是下屬基於經濟的依賴性總是希望得到主管的青睞。你會突然感覺胃一縮，好似糾結成一團，心臟彷彿瞬間停止，血液凝結。即使當事人還沒意識到究竟自己哪裡冒犯了主管或是犯了什麼錯，當他們被當眾指責時，多數人會先心驚膽跳、心虛，以為自己犯了錯或未符合老闆的期望。他們感到羞愧，因為他們基本上希望得到主管的賞識。於是主管和員工之間的權力落差更加劇了當事人的負面情緒，當事人對於其他人對自己的看法出現了裂痕而感到慚愧，進而產生羞愧的情緒。[3]

　　直接訓斥員工、甚至取笑他、讓他受到他人譏笑等都是讓對方知道你有多輕視他最傳統、最直接的方式。但低調迂迴的效果和痛苦程度也不亞於前者：例如：開會時，故意忽略某個團隊成員的發言和建議、讓他感覺不受重視、覺得自己很不足。無法引起他人的反應，也是一種極其痛苦的經驗。

　　這種情形對於多年來為公司赴湯蹈火在所不辭的員工而言，更是情何以堪。他們在工作上總是全力以赴，為公司奉獻

[3] Cyrulnik B: Scham. Die vielen Facetten eines tabuisierten Gefühls. Munderfing 2018

請病假的人變多了

不稱職的領導人也可以從部門請病假的比例不斷攀升看出來。緊張的工作氛圍、缺少對話的辦公室文化以及延宕多時的人事問題等讓許多員工因此生病。特別是壓力造成的疾病比例增加，例如：背痛、胃痛、不知名的疼痛徵狀、心律問題和胃腸道不適等。

所有，當然也期待能得到相應的尊重。他們的努力鮮少為了自己或自身的滿足，而是為了取得主管或團隊的歡心。如果一個人的工作滿意度主要來自他人的認同，而非來自自身內在的動力，那麼如果他費盡千辛萬苦，也無法引來別人正面的反應或甚至沒有任何形式的回應，他一定會覺得很心痛。

特別是在等級分明、威權掛帥的結構中，無論是一般企業或政府機關，這樣的文化可能帶來不良的後果。在這種環境中，原則上只有得寵的人得以步步高昇、個人喜好和關係決定了所有人的未來和前途。一旦被打入冷宮，所有的努力都引不起領導人的注意。失去進入內部權力圈的管道，要再回去談何容易。

此外，在部門裡感到不適、內心老早就遞出辭呈的員工，更是天天想蹺班。他們對工作沒有參與感，也對企業目標沒有

認同感，頂多只是依照規定盡本分。職業病學醫生和心理學家早就明白：不稱職的領導人調到另一個部門時，高病假率也會一起光臨新部門。

　　女性在職場上經常感受到被拒絕和羞辱的徵像，女性被同事或主管羞辱、毛手毛腳或性騷擾，當然是不被容許的。原本這麼說，應該是多餘，但可惜不然，至少從 MeToo 運動就能窺知一二。這種頻繁發生的侵犯行為必須立即得到譴責。

　　然而更普遍的是在會議、專案討論或其他工作小組中男性同事或主管下意識的貶謫言語和對話，當有女性員工出席時，這種現象幾乎如同家常便飯。他們不重視女性同事提出的建議或談話內容，經常回應道：「太好了，這麼美麗的臉龐總讓我們小組顯得特別亮眼」或是「您的出現讓我們感到心曠神怡」。即便這類評語或許常被視為讚美，但它們也使得女性的角色被貶為灰色辦公室日常生活中的美麗配件。

　　我們當然可以讚美女同事的新衣服和美麗的髮型，只要我們也同樣重視她們在工作內容上的表現，就像對待穿著剪裁合身的西裝或優雅皮鞋的男性同事一樣。但有關於外表的評論，最好僅限於少數人在場的時候，才不至於令人感到尷尬，在大庭廣眾之下，不適宜談及有關外表的言論。

本 章 重 點 回 顧

1. 可惜有許多領導人對自己的角色錯誤詮釋，他們不去鼓勵、激發員工，並創造和諧的共事氛圍，而是向員工展示上司與下屬之間的權力差距、強調等級制度之間的差異，而不是讓彼此之間產生連結。

2. 他們在其他員工面前斥責下屬，凸顯自己的權力地位，其實這不是權力的行駛，而是權力的濫用。

3. 刻意貶低、嘲笑員工或讓員工丟臉，會讓員工無法認同公司，也無法產生動力來提供更高的工作成績。相反地，他們會常請假或「佯裝生病請假」。相較於採取由上而下嚴格「統治」的公司，組織扁平化、主管信任下屬的企業更為成功。

4. 有些同事很惡劣：從惡意散佈謠言、霸凌到惡意攻訐，無所不用其極。

5. 老闆和其他主管的行為是關鍵因素，他們如果刻意忽視員工的期望或是在員工多次要求會談時履履抽不出時間，這樣的行為會被員工理解為自己不受重視或拒絕之意——即使其原因很可能只是因為主管工作太多或是沒有時間。

6. 源於權力差距（老闆與員工的關係）的情緒暴力對當事人的殺傷力特別強大。

第八章

階級結構的羞辱：軍隊和體育界的權力差距

陷入規範陷阱卻無能為力

在全世界的所有軍隊中，新兵必須接受嚴格的操練、必須無條件地服從和臣服，這是被廣泛接受的遊戲規則之一。紀律和服從是軍中最重要的兩項原則，為了維護這兩原則，軍中有一套固定且行之超過數世紀之久的模式、嚴格照表操練的行為方式和日常生活。直接上級令人畏懼，因為他們密切監控小兵們是否確實執行所有義務、遵守規則。若有違反和疏忽一律嚴懲。

一直以來，軍人不僅要強健體魄、熟悉武器，就連「寢室」和置物櫃以及衣物都必須整潔有序。所有規則都必須嚴格遵守，否則將面臨外人看了慘不忍睹的重罰。但新兵的規定琳

瑯滿目又廣泛，幾乎無法一一完成，部分甚至還互相矛盾。但其實這並不是設計上的瑕疵，而是有其背後的算計。一大早起床後可以井然有序地摺好衣服、整理好床鋪，同時還必須注意所有細節處一塵不染、寢室任何角落不得留有任何雜亂痕跡的人，當然無法同時以最高速度衝向練兵場、軍裝筆挺地列隊集合，因為要完成這所有事根本就是天方夜譚。

　　一個人如果要鍛鍊強健體魄、準備未來為國家衝鋒陷陣，但不時還必須嚴格遵守繁文縟節的家事儀式和其他規定，我想就連頂級的健身房也束手無策。軍隊的紀律就是故意設計為量大、要求高、不合乎情理、無法完成。這種無法完成是經過精心設計的——因此社會學家稱之為「規範陷阱」。其目的在於，訓練絕對服從，即便不一定會被抓到或受到處罰，但每個新兵都難逃陷阱魔爪。

　　軍隊的規定名目有部分堪稱荒謬之極致，但有時也會造成危險的身體傷害。雖然軍隊必須操練兵力、學習操作武器、隨時準備待命。而所謂的「隨時準備待命」包括了保持整潔以及在約定的集合地點進行特定的例行事物。

　　但我們還沒聽說過，當靠軍人能用尺摺好棉被、頭盔能像精準規格的餐盤一般堆疊以及門框或床架上一塵不染，就能打勝仗。

　　在軍隊中，肢體和情緒暴力彼此參雜，相互補強。軍隊既有儀式中不乏偶爾造成身體傷害或甚至致死的魔鬼體能訓練，

虐待狂教練

　　不曾感受和親歷其境的人，閱讀和看到電影中年輕人在軍中被操練的場景，會覺得那是一種折磨和屈辱。在金甲部隊（Full Metal Jacket）(1987年) 這部經典戰爭片中，導演史丹利・庫柏力克（Stanley Kubrick）將這種無意義的鍛鍊表現地淋漓盡致。這部電影之所以這麼真實，可能就是因為導演讓曾經參加過越戰的李・艾爾米（R. Lee Ermey）飾演魔鬼士官長的角色，他原本只是擔任劇組的顧問一職。

　　據說，庫柏力克看過艾爾米長達數分鐘不斷用各種刻薄和毒辣的言辭辱罵臨時演員的試鏡後，「我非常確定，艾爾米是這個角色的不二人選」，庫柏力克對華盛頓郵報的記者說道。艾爾米拿了一本全都是咒罵台詞的一百五十頁劇本出現在拍攝地點，庫柏力克曾說，艾爾米的台詞有一半都是出自他自己，特別是涉及腰圍以下、林林總總的糞便術語和羞辱言辭。

旨於訓練下屬服從溫順。新兵受到百般不人道的刁難或是同儕夾道攻擊不順從的士兵等常見的處罰方式絕不僅僅止於數世紀以前。過去東德的國家人民軍就常流傳有刁難和虐待士兵的各

種報告。德國作家烏韋‧特爾卡普（Uwe Tellkamp）於2008年
出版的自傳小說「塔」（Der Turm），內容講述一位最終死於意
外的同志，之前歷經幾近瀕死的磨難。就連德國聯邦國防軍至
今都還不時發生不人道的折磨和肆意虐待的憾事。

　　2017年夏天德國下薩克森州明斯特（Munster）才剛發生
一名二十一歲的軍校生死亡事件，當時他必須頂著將近三十度
的高溫完成上級命令的行軍訓練。那趟行軍距離太長、裝備太
重、衣服太厚，溫度也太高。數名軍人中暑，紛紛不堪倒地。
這位二十一位新兵在十天後死於多重器官衰竭，另一名至今仍
飽受嚴重的後果折磨。這些士兵既無如先前德國聯邦國防軍方
所稱的患有先天疾病，也未吸毒。這些教官們不僅未盡其照料
之義務，還違反了德國聯邦國防軍自身的規定，因為根據規
定，行軍時若有一名士兵倒下時，整個部隊必須停止前進。反
之，當第一批士兵體力不堪負荷時，他們還被全體連坐處罰，
他們沒有足夠的飲水，休息也不足，最終釀成憾事。

　　明斯特致死事件後，類似的軍中殘暴事件也一一浮出，事
件越演越烈。例如：2018年初冬天，有些軍人在零下九度的低
溫夜宿戶外或在冷冽的酷寒中接受嚴酷考驗。上級藉由體罰徹
底摧毀這些年輕人的意志，強迫他們無條件地服從，這些上級
命令的練習極盡荒謬之能事，甚至還具有危險性。魔鬼行軍和
過度的身體負荷是精神暴力的一種手段。

戈奇・福克號死亡事件

　　風帆訓練艦「戈奇・福克（Gorch Fock）」號是海軍的驕傲，快速又帥氣，曾創下最高速的記錄。德國十元馬克紙鈔上就印上這艘訓練艦號的英姿。2010年11月7日，一名二十五歲的女性預備軍官在巴西海岸附近從帆具27公尺高處跌落在甲板上死亡。之前於1998、2002和2008年也曾發生或類似的意外，死者的年紀都很輕。這名預備軍官在死亡前五日才剛登船。

　　這一連串的艦上死亡事件引起各界對於艦上陋習的討論。這位女性預備軍官當時據說是遭到隔離管束，各種關於艦上軍團的行為和立場的報告出爐。訓練艦上訓練期間的考驗具有傳奇色彩，也被編入六零年代的戈奇・福克之歌的歌詞中：「水手長心情老是不好／二級下士令人生畏／靠近他們就令人渾身不舒服／但我愛每位同袍！」後來許多艦上人員表示，他們根本沒有悲傷的時間，因為長官給的壓力太大。最後還有一部份的人員拒絕爬上戈奇・福克號的桅杆。聽證會和調查委員會批評其訓練方法不合時宜。

在訓練艦死亡事件之後，輿論也開始探討軍隊的育成和服從要求。戈奇‧福克號上的訓練計畫暫時被迫中止，直至2013年重新恢復運作。但在那之後，軍中用來馴服士兵的慣用儀式是否有所改變，就不得而知了。

軍隊的各種儀式以及琳瑯滿目的規定，目的就是讓人臣服。特別是在新兵基礎訓練階段，這些新來乍到的未來軍人必須學會服從。曾著有一本關於紀律史基礎著作的德國弗萊堡大學社會學家烏爾里希‧布羅克林（Ulrich Bröckling）說道，「過載的規範和標準是系統化的設計，因此錯誤在所難免」。[1]「他們要讓士兵們昏頭轉向，讓他們覺得反正無法勝任交辦任務，最終受到處罰也是理所當然。於是他們會產生罪惡感，因此也願意承受更多荒謬的要求。」

犯錯將會受到無情的折磨和處罰，即便當事人違反的規範毫無軍事邏輯可言（其他的邏輯也不管用）。這其實只是軍事服從的產物，對於專制上級的刁難和羞辱，你也只能概括承受——至於規則的正當性則無人聞問。

[1]　Bröckling U: Disziplin: Soziologie und Geschichte militärischer Gehorsamsproduktion. Paderborn 1997

　　上級嚴格要求的緊箍咒讓小兵們戰戰兢兢，感覺彷彿不時被監控著，如果上級突然露出懷疑的眼神看著你，恐怕逃不過嚴厲的處罰。於是他們內心就會出現罪惡感、不時覺得自己做得不夠好，即便這次沒被逮到，下次恐怕就沒這麼幸運了。這套系統的存在正是因為它期待著下屬違反規定，然後等著大開殺戒。當一切過度監管時，錯誤也是無可避免的。

　　無論是上級或下屬，當事人是否能看清這種臣服和服從的目的是透過哪種方式達成，根本不重要。許多規範和指令必須迫切地受到質疑，但這也一點也無法撼動整個威權體制，因為重點在於鞏固堅不可摧的等級制度和形式的維持──而不在其正當性。

　　執行規範和紀律需花費大量時間，透過這種方式盡量縮減下屬的自由空間，讓他們更為之膽怯，縮小自我意識，逐漸成為無意志群眾的一部份。這種盲目服從可能產生的毒瘤，歷史中的範例多不勝數。

　　或許有些企業內部也充斥著這種領導文化──主管老是提出令人望之莫及的要求。在這類情況下，或許主要不在於培養無自我意識的命令接收者，但儘管如此，提出的部分要求太高，且部分還彼此矛盾，導致員工經常陷入內疚狀態。於是久而久之，他們也毫無怨言地接受更多的工作負荷。但員工們也莫可奈何，他們不敢抱怨工作條件，因為如果抱怨了，就會被發現自己的不足。

專欄

卡夫卡、罪惡感、監控和無可避免的懲罰

　　卡夫卡的作品瀰漫著一股糾結盤錯的感覺，他筆下的主角們總感覺被人逼入死角，經常感到受到更高的權力或威權結構監控和主宰著。一種莫名的罪惡罩頂，他們自己雖然未意識到自己犯了什麼錯，但卻也覺得理當被懲罰——至少在邏輯上。

　　無可避免地必須面對自己晦暗的命運，是卡夫卡筆下英雄的特性。在他們無法逃避的痛苦審判或其他情況下，他們必須為自己辯護。卡夫卡不僅賦予冷酷無情的父親或權力在握的法官無上的威權，就連服務員和門房也擁有各種監控、處罰、批判主角們的詭異方法。

　　面對肆意妄為的命運，我們似乎完全束手無策，即便有扭轉的出口，頂多也只是理論。現實中，很遺憾的是往往已經為時已晚，就像「小寓言」裡誤入巷弄裡的老鼠：「你只需要改變逃跑的方向，貓說著，張口吃掉了它。」

　　例如：現代化通訊公司的員工該怎麼做才好呢？如果他被理所當然地期待能夠認真積極地參加會議、仔細聆聽，並且激盪出新的想法，但同時又必須和世界各地的同事以及業務合作夥伴通溝、發送郵件以及聊天，因為時差因素，他們只有這段

時間可以聯絡得到。同時處理兩件事，是不可能的，也不可避免地會出現錯誤，同時也種下了心虛和挫敗感的種子。

　　許多公司和機構常迫於經濟因素會將新的額外工作分配給現有員工。長期以來，醫院的醫生不僅要看病、治病，還要處理各式各樣的行政工作、執行品質管理工作以及工作日誌。記者不僅要寫稿，還要負責iPad和線上新聞的預告以及學習新的格式規則。每個行業各有滿腹的辛酸故事。

　　職場的進步和技術發展也帶來了工作內容的改變，以及增加了新技術和新的工作節奏。這種變化無可避免，但有時也造成工作內容本質的異化，進而讓人感到力不從心以及產生幾乎無法完成原本工作的壓迫感。有些員工可能會自我設限或窩在舒適圈內，避開所有新事物；但有些人則繼續承受情緒壓力，把自己搞得精疲力竭。

坐冷板凳的世界冠軍

　　巴斯蒂安・施魏因斯泰格（Bastian Schweinsteiger）打完他在拜仁慕尼黑的最後一季賽事後，無法延續過去幾年的輝煌戰績，他在2015年夏天加盟曼聯。這或許不是他職涯中最佳的決定，因為施魏因斯泰格不年輕了，而且他在球場上的表現在慕尼黑時已經明顯下降。

　　施魏因斯泰格身為2014年的世界冠軍且是德國多年冠軍

記錄保持人，他在英國也擁有眾多粉絲。英國人特別喜歡他勇猛的球風以及勇往直前的衝勁，在世界杯決賽上與阿根廷隊對陣時的表現更令人激賞。當時他儘管臉上已經傷痕累累，仍義無反顧地衝鋒陷陣，頗有一夫當關的氣魄。

但偏執狂荷西・穆里尼奧（José Mourinho）於2017年取代了施魏因斯泰格的教練，即前慕尼黑總教練路易斯・范加爾（Louis van Gaal），擔任曼聯的教練以後，就是施魏因斯泰格英國苦難生活的開始。新帥穆里尼奧對施魏因斯泰格的表現早已不滿，因此將他下放到預備隊。但儘管如此，他仍偶有機會被列為一線隊和冠軍聯賽參賽者的官方陣容替補球員，但他已經很久沒有上場參賽了。

當時32歲的施魏因斯泰格還是必須與主要年輕球員組成的預備隊練球，他曾是世界冠軍又是德國國家隊的前隊長，被教練下放到預備隊或是與16、7歲的球員一起練習，對他真的是一大羞辱，這種情況發生在職業體育界，令人不可思議。

2016年11月，施魏因斯泰格在255天未出賽之後再度重返一線隊，被提名為英國歐洲聯賽代表隊員。但這時候，他在英國隊的日子已經開始倒數了。2017年春天，這位曾代表德國國家隊出賽的德國球員加入北美足球大聯盟的芝加哥火焰隊。

這事件最值得注意的並不是戰功赫赫的優秀運動員在職涯盡頭受到不合理的對待，他們沒找到最佳引退時機，鮮少人能像施魏因斯泰格的老搭檔菲利普・拉姆（Philipp Lahm）一般

華麗地轉身。最令人訝然的是，施魏因斯泰格竟能如何平靜、從容地容忍古怪的葡萄牙教練加諸在他身上的折磨和惡意對待，至少表面上如此。施魏因斯泰格肯定對於被下放候補球員也超級不爽，但他從未公開抱怨，也沒對穆里尼奧表現出受傷或被羞辱的負面情緒。

　　施魏因斯泰格於2016年在威尼斯結婚，他對妻子塞爾維亞網球選手安娜‧伊萬諾維奇（Ana Ivanović）如火焰般的愛肯定也是讓他擺脫自憐困境的重要支撐力量。因為比起跟教練生氣，他還有更重要的事情要做，而這正是他當下能夠選擇的最好策略。此外，荷西‧穆里尼奧一直都是世界足球界最知名的教練之一。他的領導能力——以友好方式來表達的話——至少是有爭議的。這位自稱為「The Special one」的足球教練的決定並不一定能得到善良足球迷的理解。

　　但儘管如此，施魏因斯泰格面對刁難和羞辱的反應值得表率。他在卓越的事業成功之後擁有充分的自信，讓他免於陷入深深的探究意義和自我懷疑的危機之中。他當然自知，自己已經不再年輕，他的能力顛峰也已經過去了。但面對教練的挑剔行為，他不為之所動，不曾煽動團隊杯葛他，也沒有到處散佈關於他的謠言。他並沒有表現地像個年紀漸長的自傲明星，向大眾抱怨自己不應該得到這樣的對待。反之，他保持冷靜，態度從容，享受自己的生活，當美國提出邀約時，他快速地把握這個逆轉的機會。

從板凳到冠軍聯賽

和粗魯的荷西・穆里尼奧大相徑庭的尤普・海因克斯（Jupp Heynckes）則被各界讚譽有加。這位1945年出生的教練在處理問題球員有特別獨到之處。「被看見、被重視」就是他的不二法門。畢竟不是只有底層老百姓和小職員需要被讚美和被認同，就連高收入者和頂尖菁英若要維持好表現，也對讚美和認同趨之若鶩。但是讚美必須有其正當性，不能只是基於策略因素。

以拜仁球員托瑪斯・穆勒（Thomas Müller）和阿圖羅・比達爾（Arturo Vidal）為例，之前聲望如日中天的穆勒在2016/17季賽時表現不佳，履履在罰球區來回失分。他的表現僅只於履行拜仁的主場代表任務。而比達爾完全失去戰士英姿，有如與普世為敵的悲慘老兵。他們兩人不時被放到候補席上。

2017年10月，一向深得球員愛戴的尤普・海因克斯加入拜仁，取代卡洛・安切洛蒂（Carlo Ancelotti）擔任總教練。海因克斯快速地提振了球隊士氣，不消多久，比達爾在球場上重振雄風，這讓拜仁球迷為之瘋狂，讓對手為之氣結。穆勒也出腳，踢出了詭異的一球，射門成功，順便反證了靜力學和解剖學的原理。他不僅在冠軍聯賽上表現優異，2017/18季賽的成績也令人驚艷。

「重點在於**要求與認同之間的正確平衡**」，慕尼黑工業大學心身醫學系系主任彼得・亨寧森（Peter Henningsen）說道。「如果該項平衡不正確，可能會導致獎賞危機，意即當事人感覺沒得到充分的讚美，因此績效下降，且生病的可能性也會增加。」

認同絕不僅限於物質方面，心理學家和心身醫學科醫師曾有過幾位不知名疾病的患者，他們因為感到未受到重視而生病。於是胃腸開始不對勁，時而出現莫名其妙的疼痛，心跳加速或經常感到暈眩。

金錢常被用來作為獎賞的工具，特別是在足球球員的薪水等級上。但關鍵在於獎賞的真實性。「我認為他是一位傑出的球員」，尤普・海因克斯一上任就曾這麼讚美比達爾。「這才是穆勒，他可以的」，這是穆勒在對戰伊斯坦堡的冠軍聯賽上成功射門兩次時，他對這位出生於上巴伐利亞的高個兒穆勒的讚美。

欣賞是互相的。穆勒非常欣賞這位「場邊最佳男人」，這裡指的當然不是助理裁判。「人是社會性動物，對自己的看法與自己重視的其他人對自己的想法息息相關」，慕尼黑大學社會心理學家迪特・弗雷（Dieter Frey）說道。「感覺對方相信我，這種感覺具有感染力，會讓人增加自信，因為對方相信我的能力。」

這會形成對自己能力的信念：我可以的，再試一次，再堅

持一下，我不會那麼容易被打敗。如果也能接受失敗，就能提升自己的抗壓力和耐力。

「認同必須要讓對方確實感受到」，心身醫學系系主任亨寧森醫師說道。「如果團隊表現得很好，不需要個別一一表達認同，但如果讚美能具體針對個別球員的表現，更能引起當事人的共鳴。」

教練：「你們打得爛透了！」

不是只有言語才會傷人，言辭表達的方式以及表情和姿勢等非言語表達也是傷人利器。聲音有音樂效果，且在什麼樣前後鋪陳下說出批評也很重要，說來雖然老生常談，但卻常被遺忘和忽略。

同樣地，後者也經常出現在球場邊緣。有些球員會直接在場邊跟教練理論，大聲地表達對教練決定的不滿，媒體開始捕風捉影，試圖將球員一時盛怒的發洩做成聳動的不合新聞。在這種情況下，經驗豐富的教練會迅速離開現場，因為他們非常清楚，球員一開始的爆怒是正常的反應。當球員如此熱中於出賽，一旦不能上場或被換下來時，暴跳如雷地向教練表達抗議時，尤普・海因克斯甚至非常樂見這種反應。

青年足球隊也常出現這種現象。小小球員們最難忘的教練雖然滿口嚴厲的言語，但私底下總是親切對待他們。他的言語

雖然粗俗，「你們是在踢大便嗎？」他老是這麼刁唸著或冷冷一句「糟透了」。有時候甚至還有更低俗的表達。但他說話的方式和表情讓孩子們和家長們都明白，他沒有惡意，他總是把小小球員們放在心上。

反之，另一種教練的作法則有截然不同的效果。當球員們表現不佳時，他們雖然不會口出穢言，但眼神中盡是蔑視。他們雖然不會出言羞辱，但球員們心知肚明，他們因為平庸的表現被教練鄙視，教練的表情已經透露了一切。不消半年，全體球員起而反抗教練，他們不希望再讓這位教練帶到賽季結束。

本 章 重 點 回 顧

1. 在威權制度中，上級通常採取羞辱下屬或甚至摧毀他們意志的原則，透過這種方法試圖讓下屬服從。無論是軍隊、天主教會或是運動領域，這種取得權力的伎倆擁有傳統的歷史。

2. 陷入「規範陷阱」者，無可避免的就是違反規則或命令，因為這套系統過多的規範就是其設定主軸。在這個系統中，個人經常感到罪惡感、受到監控，久而久之也認為懲罰是正當的。而自己之所以還沒被逮得正著或懲處，全因為偶然。

3. 運動界也有荒謬的規範和軍事般的管理制度。軍隊裡的夾道攻擊可能相當於足球球員被下放到候補席或預備隊。頂尖運動員也有情緒需求，給予尊重和真心的欣賞才能滿足。

第九章

當醫生讓人生病：醫療中的情緒暴力

到底有完沒完啊！

健康或生病——這已經不再只是運氣、命運或愚蠢的偶然，而是道德、罪惡和責任問題。你認真取捨了嗎？是否適度減壓以及正確飲食？這些不斷轟炸我們的完美生活規則，沒有人可以遵守到底，主要是它們的後果是：總讓人感到良心不安，感覺糟透了。

「我們感到訝異的是，多數病患最掙扎的竟然是『取捨』」，德國哥廷根（Göttingen）大學醫院基礎醫學的沃爾夫岡・西莫爾（Wolfgang Himmel）說道。「他們的想法、行為、感受——無不縈繞在一個道德考驗上：必須去證明自己的行為無時無地都是合宜、守紀律且健康的。」

　　西莫爾和他的團隊描述糖尿病患者的痛苦，他們必須捨棄最愛的口腹之慾。[1]從糖尿病患者專訪中我們看到，患者還必須同時承受道德壓力，必須不時克制自己、不要陷入任何過度的行為之中。如果無法做到，他們就會認為自己是無法掌握自己人生的失敗者。

　　嚴格來說：這些人必須屈服於精神警察的獨裁統治之下，對自己施以情緒暴力。這些病患不只在醫生的診療室、在家裡，甚至在朋友圈中也無時無刻不感到約束的力量。他們的血糖數值或診斷結果、體重或糖化血色素濃度等都成為檢視患者是否充分實行禁慾生活的道德測試標準。血糖數值證明他們的生活方式是否「正確」。

　　但不只病患被下達「健康生活」的命令，就連身體狀態極佳的運動員也必須將此奉為圭臬。現在有越來越多人不僅希望過好生活，為了追求健康和幸福，他們無所不用其極。生活一律照表操課、嚴守規定、一切都要最好的：均衡飲食、足夠的運動、工作生活平衡──這些都是嘗試優化生活的經典方法。

　　但最終只有極少數人滿意，因為生活中到處都有需要改進的地方：更多的職場發揮空間、更多運動、更多蔬菜、更多放

---

[1]　Buchmann M, Wermeling M, Lucius-Hoene G, Himmel W: Experiences of food abstinence in patients with type 2 diabetes: a qualitative study. BMJ Open 2016; 6: e008907

專欄

生病與犯錯

　　四十二歲的安娜認為她的醫生一定覺得她很懶惰。安娜想減肥，但一直沒成功。或許也是因為她的丈夫和小孩希望她能煮她自己認為不健康的食物。彼得七十三歲，難以捨棄他的「精神糧食」──巧克力。吃巧克力讓他的心情好，特別是在難熬的時候。他承認，有時候也會喝杯紅酒，但喝紅酒對他而言似乎也不是享受，反倒是罪惡感。醫生一定很想把六十五歲的凱蒂送到荒島上，凱蒂認為這倒是個好方法，那她就不會被不健康的食物誘惑。生活很難熬，她想逃離現實，但似乎難以從錯誤行為的惡性循環中脫逃。這三個人必須比別人更注意飲食，因為他們都是糖尿病患者。吃太多、吃的時間點不對或錯誤飲食都會影響到他們的血糖，造成血糖上下波動。這兩種血糖狀態對患者而言都很危險，甚至有生命危險。許多糖尿病患者可以相當程度地控制病情，能過著一般的生活。他們只要遵守幾個飲食規則，久而久之就知道自己的身體需要什麼。

鬆和給家人更多時間……想要同時擁有這些，就是幻想。無論你怎麼做，永遠都嫌不夠，因為當你做這個，就會忽略到另一個。密集運動的結果就是犧牲與家人和朋友相處的時間。太

重視娛樂和休閒的人，工作上可能停滯不前。哈特穆特羅莎
（Hartmut Rosa）稱這種現象為「同步危機」，亦即雖然許多方
面的要求增加，但所能使用的時間卻遠遠不及。[2]

　　這種兩難的現象造成人類非但無法滿足，還滿腹牢騷：為
什麼不能擁有一切？為什麼辦不到？「有些健康的人隱約感到
良心不安，因為他們認為自己的生活方式不對或不健康」，慕
尼黑大學社會心理學家迪特・弗雷說道。「飲食、運動、健康
變成了現代人的替代宗教，信仰者雖然不像過去追求來生，但
總希望餘生能夠健康又長壽。」

　　學者將為追求健康超越適度生活方式的強制性稱之「健
康主義」，到底有完沒有啊！有些人的觀念真的錯得離譜！數
年前，美國營養學家保羅馬蘭茲（Paul Marantz）用了一張生
動又驚人的圖片來說明健康主義的狂熱現象：「現在如果有人
張大嘴，大啖起司漢堡，在道德上無疑是把槍指著自己的太陽
穴。」

　　與其用一大堆沒有科學根據，甚至可能還互相矛盾的飲食
規範折磨他人，倒不如不要發表任何飲食建議，或許更健康一
些。[3]至少能減輕每次上學校餐廳和接受聚餐邀約時必須小心

---

[2] Rosa H: Beschleunigung. Die Veränderung der Zeitstrukturen in der Moderne. Berlin 2005

[3] Marantz PR, Bird ED, Alderman MH: A Call for Higher Standards of Evidence for Dietary Guidelines. American Journal of Preventive Medicine 2008; 34: 234

翼翼，深怕犯下墮落罪的心理壓力。

　　就連健康的人也會強迫自己遵守自設的規定，甚至還希望能高於自己的標準，以期日常生活更優化。必須注意飲食的病人的這種壓力更重了，例如：潰瘍性結腸炎等腸胃疾病。

　　「然後你開始失去理智，因為會夢到巧克力醬」，這是沃爾夫岡·西莫爾和其團隊的專業著作。[4] 本著作內容主要收集病患的經驗，因為大多數醫生也不知道與疾病共生是什麼感覺、哪些希望和恐懼會影響到當事人的生活。

　　潰瘍性結腸炎病人通常要花上好幾年才能確定他們可以吃什麼，不能吃什麼」，西莫爾說道。「因此正確飲食對他們來說非常重要。」但這種疾病在飲食上並沒有通用的建議清單，病患之間的個別差異性很大。有些病人可以接受的食物，對其他病人可能會造成嚴重的血便和腹瀉，所以這類疾病患者都有身體難以捉摸的感覺。西莫爾的觀察結果，「他們認為：我就是有瑕疵的人」，最終他們開始質疑自己、自己的人格。

　　許多患者會說，他們不時夢到蛋糕或薯條，因此討厭自己無法抗拒渴望。他們鄙視自己，當疾病惡化或某些測量結果未達預期時，他們感覺自己必須為自己辯護。「當事人得不到快

---

[4] Palant A, Koschack J, Lucius-Hoene G, Karaus M, Himmel W: Dann wirst du bekloppt, weil du von Nutella träumst: Wie erleben Menschen mit chronisch-entzündlichen Darmerkrankungen Essen und Ernährung? 12. Deutscher Kongress für Versorgungsforschung. Berlin 2013

樂、無法享受社交生活，也無法放鬆，卻只有不確定性。受訪者遵守嚴格的飲食規定，但卻仍難逃腹瀉、出血的折磨，他們倍感挫折。飲食對有些病人則不再是享受，而是變成了折磨人的夢魘。」

　　醫生或營養師的幫忙很有限：「在這種情況下，最好的消息就是「正確」飲食不一定會對這個疾病有正面作用，或是反之，偶爾「錯誤」的飲食也不會對該疾病產生不良影響」，作者們這麼表示。為什麼同一種食物對某些病患沒問題，但對其他病患則反之，原因仍不得而知。但我們只知道，病患們已經陷入深深的自責和絕望當中。

　　除了上述這種自我鞭策以外，其他病患則採另一種策略：當他們嚴重犯規時，就會開始粉飾太平，最好能大事化小。剛剛應該「只拿一小匙美乃滋」、「只吃一小塊糖果」。他們企圖用這些言語粉飾他們主觀以為的罪行，因為他們會為了小小過錯，就認為自己是大罪人，內心內疚又懊悔。

　　「想想看，這些限制如果發生在我們的日常生活中」，西莫爾說道，「我們喜歡、我們能從中得到樂趣的一切，都將無法讓我們開懷地樂在其中了，而只能用詞彙粉飾，藉此證明自己有多麼嚴守紀律。在追求把一切做好的過程中，許多病患的心思全繞著他們自身的疾病打轉，以及如何以最理想的方式對應疾病。但因為不可能成功，於是他們開始自責：他們對自己施以情緒暴力。

　　有些病患最終放棄每日與疾病的對抗，因為障礙太大、目標似乎遙不可及、挫折和打擊有如家常便飯。於是他們索性放開所有禁忌和規定：在醫生眼裡，有些糖尿病患者對於血糖如何波動，似乎完全不在乎，頂多嚴重的時候被救護車送到醫院急救。或許這是他們自我懲罰的一種形式，因為他們無法達到最高的醫學目標。他們秉持的信念是：你的飲食習慣和生活形態錯誤，所以病情惡化也是理所當然的。而此時，他們的疾病和罪惡感已經融為一體，無法分開。

　　健康的人也常出現糖尿病和潰瘍性結腸炎病患在極端情況下的行為：例如：有人會跟同事承認自己每天都喝葡萄酒，卻沒換來他人譴責的眼神：你會不會太沒有責任感了？因此大多數人寧可佯裝自己也是潔身自愛之輩，營造自己生活嚴謹、無任何惡習的形象。

　　越來越多人希望自己能夠盡可能在許多領域中成為主宰自己生活的主人，當然也希望能夠掌控痛苦：理智地飲食、適度的運動，必要時乖乖聽從醫生的指示，然後就能一切平安。但往往事與願違：能確實執行健康生活的人，如果哪天生病了，也是自己的責任。這句話乍聽之下，頗有道理，但基本上卻是錯誤的邏輯。因為疾病主要與命運、抽到不良遺傳基因的倒楣和其他偶然有關，只有部分會受到無可挑剔的生活方式所影響。即使是依照時下流行的理論健康生活、均衡飲食以及經常運動的人，也可能罹患癌症或多發性硬化症、阿茲海默症或帕

金森氏症。

再說了，想要完全掌控自己的生活？這該是多麼狂妄的豪語！越來越多的人有感必須對自己的健康負責，這是一種社會整體現象。他們不可避免地將身體各種不適以及無法痊癒的原因歸咎於自己，自責、認為自己無能為力，自己一無是處。

這是心身醫學對疾病的解釋以及醫生鼓勵病患面對疾病最常用方法的反向作為。原則上，醫生會鼓勵患者積極看待疾病，而不僅僅是被動地接受疾病的發展：若我們看待疾病的方式會對疾病後續發展產生關鍵性影響，那病情加劇時，認為自己要負責任，這也頗有道理。

「近年來，我們常聽到，透過運動、飲食和壓力調節可以自我調節身體狀態」，研究人類多元化優化策略的德國弗萊堡大學社會學家烏爾里希・布羅克林說道。「很明顯的是，即使是負面的情況，我們也特別會先在自己身上找理由：努力不夠、放鬆不足、沒有吃足夠的正確食物等。」結論仍然是：你還不夠努力！

只要關係到健康問題，我們總是立刻想到自我歸因或外在歸因問題：我們幾乎不會再去討論疾病或殘障只是因為老天爺心情不好、自己太倒楣或只是機運問題，也不會視之為品行不良的後果。「如果單方面地將身體狀況和所有可能的疾病全歸咎於自己的行為，肯定是對自律的保握」，慕尼黑大學社會心

理學家迪特・弗雷說道。「與其探究病因的各種因素或把一切推給就是運氣不好，不如將生活方式視為有效的標準，就更能深入檢視和影響我們的身體現狀，甚至還能預測。」畢竟單一因素的解釋簡單多了。

隨著民眾這種醫學自我控制的強化，醫療威權也逐漸消失。如果一個人能夠藉由「正確」的生活方式達到全方位的自我控制，還要醫生做什麼？此外，還有各式各樣有趣的科技輔助器材，鞭策你傾聽自己、全方位優化自己。記錄生活的手錶、心速監控手錶、血壓計和各種「量化自我」的健康產品都是用來自我提升的入門產品。「它們不時提醒我們的不足之處，即使沒時間看醫生」，社會學家布羅克林說道。隨著科技的進步，我們的自我監控已逐漸欺近我們的身體，「我們內在的聲音透過軟體翻譯，將我們內在的良心不安變成了永久狀態」，布羅克林說道。

於是，人們感受到的幸福感特別脆弱！我不會這麼輕易就痊癒！因為腦海裡總不時想著，今天還沒達到數定的步數目標、卡路里攝取太高了、錯誤飲食等風險。只要有一點點偏差，就會被自己判定為錯誤行為，然後暗自感到自責。這樣一點也不健康。

由於健康和生病之間的明顯差異性變得模糊，界線消失，兩者連成一個整體。在個人認知中，身體狀況一直處於稍嫌不

足的狀態——而全面性的健康變成了人類遙不可及的恆星。許
多人早已忘了偶爾要對自己寬容一點，特別是關於健康問題
方面。

痛苦的事實

小女孩罹患白血病時正好十二歲，因為女孩非常親切又可
愛，所以醫護人員都非常喜歡她。但有一次她回家小住幾天，
再回到醫院後，女孩個性大變。她變得內向、冷漠又沈默。
住院醫生非常擔心，私下問女孩：「你知道你罹患了什麼病
嗎？」女孩回答：「知道，癌症，白血病。」女孩回家後查了
去照X光的路上看到診斷文件上的疾病名稱。「那你也知道，
你會死嗎？」醫生繼續問道，「是的」，女孩靜靜地回答。

醫生和女孩談了許久，醫生告訴女孩這個疾病雖然有很高
的致死率，但也陸續出現治癒機會高的新治療方法。女孩一直
試圖了解醫生這番話是不是只為了安慰她，最後醫生向女孩保
證，如果未來治療無效，他絕對會坦白告訴她。這番長談之
後，女孩又恢復了昔日笑容。

「我發誓我絕不再隱瞞，從此刻起，我一定一五一十地告
訴病患」，德國杜賓根大學兒童醫院資深主任迪特里希·尼
特哈默（Dietrich Niethammer）回憶起自己還是菜鳥醫生的時
期。「我逐漸明白，隱瞞病情真的很不好。我想採取其他作

法，不想再迂迴地隱瞞。」自從七零年代初期在德國烏爾姆大學兒童醫院擔任菜鳥醫生以來，兒童疾病的治療便成了尼特哈默的終身職志。[5]

與病人討論病情時，醫生必須表現真誠、認真對待病人。特別是孩子對於對方是否真的為自己著想或只是作作樣子，他們的直覺很靈敏。他們如果發現，對方對於他們內在的恐懼和想法也能感同身受，他們也會願意和對方討論生死。但反之，如果對方違心地對他們隱瞞真相，對他們來說就是一種強烈、令人難以忍受的情緒暴力。

七零年代以前，醫生通常不會將病情告知兒童，有時候甚至連成人也會隱瞞，特別是病情不樂觀的時候。過去大家總是認定，孩子對死亡沒有概念——因此，醫護人員也不會去思考該如何讓孩子做好接受噩耗的心理準備。再者，大人們也想保護他們，不忍心讓他們承受負面的情緒。

在醫療領域中，「生死」議題曾被壓抑很長一段時間，一直到現在，仍有不少醫生寧願繞著大圈子向家屬說明病情，特別是當事人如果是兒童，更是要小心翼翼。顯然地，弗洛伊德在其著作「夢的解析」中所說的話產生了後續作用，他說兒童「不懂腐爛的恐怖、冰冷墳墓中的冷冽、無盡虛無的恐懼」。

---

[5] Niethammer D: Wenn ein Kind schwer krank ist. Über den Umgang mit der Wahrheit. Berlin 2010

絕望的痛苦深淵

　　就連家長要跟自己的孩子談論嚴重的疾病時，也不見得可以立刻順利溝通。就像這位原本活潑可愛的七歲女孩，雖然罹患一種稱之為神經母細胞瘤的腦腫瘤。有一天，七歲女孩因為莫名的劇痛被送進醫院。醫生後來發現，原來是虔誠的父親告訴女孩，如果她不久人世，這是神的旨意。七歲女孩認為父親早就接受了她的死亡。幾天後，她的情況好轉，她對著父親咆哮，說反正她死了，父親也無所謂。父親頓時痛哭崩潰，兩人抱頭痛哭，因位女孩這才發現，父親非常在意她，並不像她以為的對她的死亡無動於衷。於是，她的痛苦瞬間消失。顯然地，那莫名的疼痛是因為女孩無法承受與父親的緊張關係所產生的。「父母也需要指導和協助」，尼特哈默醫生說道，「害怕失去孩子的恐懼是非常恐怖的。」

　　根據弗洛伊德的說法，孩子不會畏懼死亡，只是將死亡視為一種「純粹的離開」，因此沒有必要跟他們討論死亡。

　　但過去對病童隱瞞病情，主要是家長和醫護人員的自我保護。但現在也常見家長請求醫生對他們的孩子隱瞞或掩飾難以接受的病情，就像西雅圖的兒童醫師艾比‧羅森伯格（Abby

Rosenberg）的經驗。[6]「我們可以理解父母想要保護孩子的心態」，這篇文章的主要作者艾比・羅森伯格兒童醫生說道，「但如果能讓他們參與其中，滿足他們的需求，也能減緩他們的恐懼，對病童來說，這才是更好的保護方法。」

任迪特里希・尼特哈默雖然主張醫生不應該違背父母的意願，而將病情告訴病童，但他最終還是成功說服病童父母（有時候透過其他病童父母的幫忙），讓病童了解自己的病情，才是最好的治療方式。「不只要讓病童知情，也應該告知其他的兄弟姐妹，他們畢竟是家庭的一份子，應該要了解發生了什麼事、其他成員在做什麼」，尼特哈默醫生說道。況且，多數的病童都能猜到自己怎麼了。一名十四歲的癌症女孩在隔壁床病童去世後，去拜訪她的父母。「他們一直以為，他們的女兒不知道她不久人世」，但她告訴醫生，「我們之前就聊了好幾個晚上，我們都知道。」

但也有很多醫生面對不久人世的重症病患感到壓力重重和無助。看著病人躺在病床上無法動彈時，他們畏懼迎戰，並視之為個人的失敗。有些醫生後來甚至失去他們的熱情和動力，但對於絕症患者而言，他們最需要得到支持以及盡可能滿足他

6　Rosenberg AR, Starks H, Unguru Y, Feudtner C, Diekema D: Truth Telling in the Setting of Cultural Differences and Incurable Pediatric Illness: A Review. JAMA Pediatrics 2017; 171: 1113

醫生和病患對談時需要注意的地方

　　每個人都不喜歡被忽視、在對話時被漠視，那對當事人而言就是被拒絕，有時候還會造成心理傷害。醫生與病患之間的對話很重要，醫生應該不時創造彼此真情相對和信任的時機，在這段時間裡，讓病患感覺醫生對他們的全力支持。唯有如此，醫生才會知道病患真正需要的是什麼、他們在害怕什麼以及儘管有許多不適和疼痛，他們最渴望什麼。相較於隱瞞病情或不樂見的併發症，在這種對話中能產生醫生與病人之間的信賴感和溫度，讓病患產生更多的信心。

　　但儘管如此，醫生經常會迴避談起這些敏感話題。「醫生總是難以面對生命的終結，特別是『死亡』以醫學的角度以及在成功治癒率日益上升的事實加持之下，無異是承認醫生個人的失敗」，德國呂北克大學的醫學倫理學家科尼利厄斯・博克（Cornelius Borck）說道，「特別是原則上一開始就會進行積極治療的癌症患者，這段期間，醫生就會知道誰希望對誰隱瞞病情。艾比・羅森伯格醫生認識的兒童醫生告訴大家醫生如何讓重症病童了解自己的病情。他們建議可以用「我們要談談你的病情──你想知道多少？」這句話當作開場白。緊接著「有什麼是我該先和

你父母討論的嗎？」此外，尼特哈默醫生也強調這一點，應該盡快告知病童，我們不會對他隱瞞任何事情。如果病情惡化，或許可以這麼說：「你還記得，我之前說過不會對你隱瞞病情嗎？很遺憾，我現在要告訴你一個壞消息。」

們對僅剩生命的期望。究竟有多少醫師會真的花時間和精神不僅讓病患了解自己的病情，還不時探究病患內在世界以及陪伴他們走完最後的階段呢？

雖然每位病患都有權了解自己的病情，「但長期以來，醫學界都誤解了在重症治療過程中家長所扮演的角色」，醫學倫理學家博克說道。「一直以來，我們做了很多努力，家屬三緘其口，絕不能讓垂死病患得知病情的時代已經過去了。」

每位病患應該擁有以自己的方式面對臨終和恐懼的機會，隱瞞只會剝奪病患適時調整計畫的權利。「原則上兒童和青少年也是如此，特別是如果他們也有類似想法時；告訴他們病情當然不在於了解醫學知識中的死亡，而是在於完成他們對自己生命的看法」，博克說道。「為什麼不能告訴兒童他們的病情？或許更應該以適合他們的方式告知年幼的病童他們的病情，因為疾病對他們的生命影響更深遠。」

但這也不代表一定要立刻告訴重症病患他們的病情，醫生應該在醫病關係中製造適當的時間點和機會，並考量到病患的

各種情況。「我們在每個年齡層都應該要有可以談論恐懼的對象」，尼特哈默醫生說道。特別是告知壞消息時，必須保持適當距離、重複，並讓聽者有所反應，最終冷靜下來。此外，醫生應該要意識到，診斷結果是一種可能性，而個別病患有可能就是例外情形。

必須討論不利病情時，醫病之間不一定能順利溝通，因為大多數醫生都未受過這方面的訓練。他們不知道該帶入多少同情和誠實以及如何贏得病患的信任。有些醫生為了自我保護，選擇不涉入，有些則認為應該無動於衷地面對病患的命運，就像病患家屬所說的以著「健康者的冷漠無情」陳述病情。

德國「taz」日報的前美國記者彼得・陶特費斯特（Peter Tautfest）曾寫過一篇有關他在慕尼黑附近一家肺部診所接受治療的經驗。「您的胸部有一顆惡性腫瘤，但已經擴散了」，住院醫生告訴他診斷結果。[7]

陶特費斯特感覺此刻特別殘酷：「K醫生屬於不對病患隱瞞病情的新世代醫生，他說話的語氣冷靜、直接、無情，也不會迂迴曲折，還有點傲慢。現在回想起來，彷彿他說了一個很有趣的笑話或是人們無可避免的倒楣事，現在又發生，可以和聽者一起開玩笑的事情。他的語氣沒有一絲一毫的悲傷和惋

---

[7] 完整故事詳述於：Bartens W: Empathie. Die Macht des Mitgefühls: Weshalb einfühlsame Menschen gesund und glücklich sind. München 2015

惜：他或許還可以說：我今天下午還要去打壁球，不想因為您
壞了我的心情。」

　　病人的憤怒說明了醫生的作法太過於嚴厲，而直言不諱的
陳述也說明了，當醫生以冷漠的方式告訴病患難以接受的噩耗
時，他們該有多麼倉皇失措。當病患正面臨生死交關之際，醫生
繼續執行他的例行公事，只是不想被太多的情感和痛苦束縛！

　　對病患而言，知道自己不再屬於健康者是一項痛苦的認
知，這種痛苦不時出現，深深刺痛他們。「跌倒者的痛苦／他
們不想看到／邁開大步前進者／『我跌倒了／或許有人願意來
幫幫我？』／『然後我們自己也跟著跌倒嗎？／不可能，我們
繼續走』」這是2006年因腸癌去世的德國作家羅伯特・格恩哈
特（Robert Gernhardt）所著「K詩集」中的一首詩。這是一本
以癌症為主題的詩集。他的另一首詩則描述醫生與病患的不同
角色：「一個是執刀者／一個仍然是被害者。」

醫療學的負面期待：惡念的威力

　　　　你毀了我的粉紅色眼鏡
　　　　也毀了我美麗的人生！
　　　　拜託你，來吧！就行行好，
　　　　把我璀璨的世界也帶走吧！
　　　　　　　　　——萊因哈德・梅（Reinhard Mey）《安娜貝拉》

　　日常生活中的一個惡言、一句貶義言辭足以造成極大的破壞力。但如果攸關身體、生命以及自身健康相關，這類言語的破壞力可能更強大。醫生懷疑的眼神、不樂觀的診斷結果足以摧毀病患的信心，他的靈魂救贖也面臨搖搖欲墜的困境。自我的期望也同樣可能侵蝕勇氣。德國漢堡數名神經科學家做了一項有關反安慰劑效應影響因素的研究。[8] 研究人員發現，只要有人相信某產品或某行為的危害性，並預期會導致不適情況，那麼副作用或其他不適後果便會出現。負面期望會導致痛苦的實際發生。

　　研究結果顯示，當認為使用手機通話會危害健康的受試者將手機模型放在耳邊時，也會感到頭痛、耳鳴和暈眩。參與研究的病患不時感到有副作用，因而中斷治療，雖然安慰劑組實際上只服用了糖丸：亞歷山德拉‧廷納曼（Alexandra Tinnermann）帶領的研究人員給了四十九位自願受試者一條抗癢軟高，但實際上該軟膏並無任何有效成分。研究人員告知受試者，這條軟膏雖然可以抗癢，但同時也可能增加對疼痛的敏感性。一部份的受試者被告知，這條包裝精美的軟膏價格不斐。另一組人則使用看似一般管狀的廉價產品來治療。結果發

---

[8] Tinnermann A, Geuter S, Sprenger C, Finsterbusch J, Büchel C: Interactions between brain and spinal cord mediate value effects in nocebo hyperalgesia. Science 2017; 358: 105

現：使用「昂貴」軟膏治療的受試者表示會有疼痛的灼熱感，這種反安慰劑效應的現象隨著時間會更為嚴重。

「昂貴的治療會強化預期，無論是正面效果或是副作用皆如此」，作者們表示。治療或檢查可能的正面效果或許和其可能的傷害一樣被高估了。高價位產品顯然具有較強的效果，但其副作用也更劇烈。此外，研究結果還顯示，人類大腦的預期如何啟動疼痛感受以及特別透過哪些訊號途徑傳達。

安慰劑和反安慰劑研究的認知對於實用醫學以及如何應對病患具有重大意義。從研究結果得知，當自願受試者被告知停止用藥時，他們感到不適感增加，雖然他們之前只服用不具實際成分的安慰劑。

「反安慰劑效應會影響副作用、治療過程以及病患是否真的有服藥」，美國馬里蘭大學的盧安娜·可羅卡（Luana Colloca）說道。[9]因此，與病患溝通時應盡量達到平衡，並考量到患者曾有過哪些負面經驗以及他們對治療的期待。「有關於副作用的說明也必須盡可能謹慎小心，應盡可能不提有關治療費用的資訊，但這在我們這個日益經濟導向的醫療保健制度下已越顯困難。

真是兩難。最近有研究顯示，有些手術和內視鏡手術其實對病情效果有限或甚至完全無效。「那是一種象徵性的手

9　Colloca L: Nocebo effects can make you feel pain. Science 2017; 358: 44

術」，前德國外科學會秘書長哈特維格‧鮑爾（Hartwig Bauer）
說道。「我們有時候只是劃一刀，因為我們只想確認客戶深信
這個手術能有所幫助。」鮑爾醫生將這種效應稱為「邏輯安慰
劑」，並呼籲醫生們重新思考。「乍聽之下很有道理，了解到
一些手術其實對病患並無助益，這是一個痛苦的學習過程。」

專欄

醫學帶來的破壞力

　　因疼痛或其他不適而去看醫生的人，都希望在醫生的
幫忙之下，情況可以好轉、獲得治療或從醫生那裡得到安
慰。身體無任何不適者，則想從醫生那裡得到保證，疾
病不會馬上降臨在自己身上。這種希望得到安心的期待
驅使很多人去看醫生、驗血、進行各種檢查等。對安全感
的渴求已經逐漸變成現代人就醫最常見的動機。但醫生無
法給你安全感，只會給你不確定性。檢查和診斷技術日益
進步，可以檢查到極細微的偏差和任何與標準值的差異，
雖然還未形成疾病，卻已足以引起醫生的注意，撩起患者
的不安情緒。雖然檢查結果中的微偏差數值不代表什麼，
但卻有必要進行其他檢查和測試。雖然這個血液數值有點
異常、電腦斷層造影下的器官結構似乎有點改變，事實上
醫生也說，應該沒什麼，但「為保險起見」，他還是希望

幾個星期後再全盤檢查一次。醫生認為這是標準程序，但病患卻已經開始在質疑自己的健康情形，畢竟可能「有什麼」。醫生不是也說，「我們要再留意一下」嗎？

就醫檢查非但沒帶來心安，反而讓人更不安。醫生有所謂的「說明」義務，但醫生的說明反倒造成病患更多的混亂。原因不在於病患變得特別焦慮，而是因為醫學發展太瞬息萬變了。

為病患提供資訊和病情說明其實是兩面刃——這樣的兩難與情緒暴力的許多現象有關。畢竟許多病患將他們的希望全壓在一次手術上，滿心期待開刀後就能得到解脫。應該告訴他開刀沒用，那些微妙的好轉反應全都是因為安慰劑，讓他感到失望嗎？

本 章 重 點 回 顧

1. 醫生和病患之間的溝通很容易造成誤解，因為病患往往太過於恐懼和畏怯，因此會特別注意醫生的用語。每位醫生都應該瞭解：未加思索的表達和順道一題的猜測一不小心就變成了情緒暴力。

2. 向重症病患說明病情時應盡可能開誠佈公，即使是不樂見的真相，他們也有權得知。醫生最好在病患就診的過程中想辦法瞭解患者希望知道多少資訊。

3. 當未達到治療目標時，病患往往會有挫敗的感覺。他們會討厭自己，也討厭自己的身體，不僅會責怪自己錯誤的生活方式，還會否定自己。這種現象也越來越常出現在無病痛者身上，他們過於熱中於追求健康，無時不在檢視自己的飲食、睡眠、體能訓練和整體生活方式。

4. 病患的期待對疾病的後續發展扮演著重要的角色，無論是期待治癒、康復抑或是絕望、聽天由命，醫生的態度具有很大的影響，也決定了病患的喜憂。情緒暴力在這種情況下尤其嚴重，即使是無意的。

第十章

社會邊緣化：排擠和輕視

被霸凌、恐懼──被拒絕的心理影響

畢業旅行的時候，沒人想和他同房間，當別人選好同伴時，他只是獨自一人，侷促地站在一邊。老師只好出面處理，將他和其他剩下的人安排在同一間房。團體遊戲時，他也被排除在外。當他靠近某一群人時，他們頓時鴉雀無聲或出言排擠。雖然不管在哪個年齡層，被團體排擠都會帶來痛苦的傷害，但被霸凌對幼童的心理更是殘忍。但被排擠不僅會對精神帶來急性壓力，對心理和生理也會帶來長期的負荷。

幼年時期被霸凌會有哪些嚴重的後果，就讓英國心理學家來告訴大家。[1]倫敦大學學院的科學家針對一萬一千多名年齡

---

[1] Singham T, Viding E, Schoeler T, Arseneault L, Ronald A, Cecil CM, McCrory E, Rijsdijk F, Pingault JB: Concurrent and Longitudinal Contribution of Exposure to Bullying in Childhood to Mental Health: The Role of Vulnerability and Resilience. JAMA Psychiatry 2017; 74: 1112

介於十一至十六歲的雙胞胎研究他們的生理和心理狀態。研究結果顯示，十一歲被霸凌的兒童出現各種焦慮、過度衝動、抑鬱和注意力不集中的比例明顯較高，此外，他們的教育問題也比較多。

「我們從早期的研究得知，遭霸凌的孩子常出現心理問題，但大眾對其因果性所知有限」，這個研究小組負責人尚—巴蒂斯特‧平高爾特（Jean-Baptiste Pingault）說道。「但也有可能是因為有些孩子本身就比較敏感，比較不善於應用這種事情。」研究學者將有相同基因的同卵雙胞胎以及異卵雙胞胎也納入分析，試圖更深入地瞭解遺傳、環境因素以及教育的影響。

環境、基因以及在家庭中處理衝突和敵意的經驗對孩子面對霸凌的態度的影響力最明顯。但霸凌被害者會陷入嚴重的心理障礙，並不全然都是對方對被害者的排擠和貶損行為。「這之中存在著一個令人鼓舞的訊息，那就是強化心理抵抗力量很重要」，平高爾特說道。「雖然在大多數情況下，霸凌代表蒙受痛苦，但隨著時間它對心理的影響力會逐漸減弱，遭霸凌被害者會逐漸從不好的經驗中復原。」

除了現行的防霸凌措施以及提高對霸凌風險的認識以外，提早識別哪些孩子特別容易成為霸凌對象也很重要。因為有些孩子即使未被霸凌，但也無法適應大團體生活。他們不喜歡與人接觸，常被歸類為個性孤僻。這些孩童經常是日後遭霸凌的對象。作者認為，這些孩子必須特別加強韌性。唯有如此，當

專欄

獨行俠

　　十三歲的卡羅琳總是穿著媽媽織的毛線衣和背心。她對班上同學的穿著時尚毫無興趣，下課時，總是靜靜地坐在角落閱讀。她是個好學生，別人對她有所求的時候，她也願意幫忙。她是班上唯一沒有手機的人，所以也不知道其他同學在WhatsApp和Instagram上愛聊的話題。事實上，她並沒有妨礙到同學，但儘管如此，班上有一位女同學突然開始散播她的壞話。她在班上群組聊天室寫說，卡羅琳衛生習慣很差以及一些其他壞話。過了好幾個星期，卡羅琳一直不知道有關她的不實謠言已經滿天飛，直到霸凌事件透過手機爆發。班上同學必須向她道歉，聊天室版主遭到處罰。但卡羅琳也很快轉學了，因為她已經無法想像，以後該如何天天與這群同學一起上課。

他們真的遭受霸凌時，才能避免長期深受其苦。無抵抗力的人容易受傷，需要特殊的保護，精神病學家朱蒂·西爾伯格（Judy Silberg）和肯尼思·肯德勒（Kenneth Kendler）這麼認為。[2] 幸好生理和心理的傷害在幾年後也大多會消逝。

---

[2] Silberg J, Kendler KS: Causal and Noncausal Processes Underlying Being Bullied. JAMA Psychiatry 2017; 74: 1091

　　例如，最新研究顯示，十一歲遭霸凌的孩童在兩年後雖然比其他同年齡的孩子更常感到恐懼，但其他情緒障礙已隨著時間逐漸消退。遭霸凌五年後，這些孩子的心理障礙多數已經消失，但這些十六歲的霸凌被害者比較容易發展出偏執思想，且注意力比較容易分散。

　　根據世界衛生組織WHO的評估，全世界有百分之三十的兒童曾有遭受霸凌或被其他小孩敵視對待過的經驗。多數兒童在事過境遷後順利成長，但部分被害者則演變成施暴者、自殺、在學校製造問題、身心受創或缺乏自信。防止霸凌發生很重要，但識別出哪些人特別容易受到霸凌以及無力承受霸凌的後作用，因此特別需要援助的人，也同樣重要。

學校、協會中的霸凌

　　操場上的兩個孩子正在猜拳，其中一個贏了，所以他可以先挑選他那一組的足球隊員。大家都知道這個遊戲的規則：猜贏的先挑隊友。當然囉，最快、最好，甚至有時候是最有人緣的孩子會先被挑走，然後陸續平均分配在兩隊裡頭，所以一開始還不會有什麼大問題。

　　但突然間情況變得尷尬又傷人，至少對那些遲遲未被挑走的孩子來說。後來只剩下那些顯然大家都不想與他們同組的怪咖、運動白癡、四眼田雞或大胖子。這時其中一位隊長可能還

專欄

不想玩躲避球

「你們女生跑步的時候大腿為什麼會搖晃？」，玩躲避球時，一個女生躲過球的時候，一個男孩問大夥兒這個問題。上體育課時，當同學們男女混合分組打躲避球時，他起頭開了粗俗的玩笑。凱倫·杜夫（Karen Duve）在她的小說「這不是情歌」中描述了這個情景，並提及這種貶謫的玩笑可能會對女孩們的身心造成什麼影響：「當事人當然不會因為男孩子對女性結締組織的特性有所質疑，就突然間失去自信，或立刻對自己的外表和價值失去信心。但久而久之，這個信心會一點一點地流失」，杜夫寫道。這種被上下打量的眼神和由此導致對身體的蔑視，許多女生或許都有切身的經驗，但男性也不在少數。特別是在青少年時期，當四肢活動不協調、手腳像木偶般僵硬、身體部位似乎各有主張，但偏偏就是不合拍時，女孩和男孩們才開始意識到必須習慣自己不斷變化的身體。

他們都還沒真正認識自己，又該如何自信地對待自己和自己的身體呢？很少人一開始就能成功，因此在這個階段，同學的嘲笑和挖苦會暫時對當事人心理造成很大的傷害。雖然同學們的嘲笑並不一定都是惡意的，但長期下來也可能會深植在記憶中。

> 　　在凱倫・杜夫的小說中，老師是女孩們久久無法忘卻
> 痛苦經驗的幫兇之一，因為她的行為對女孩們帶來二次傷
> 害。老師在下一堂課帶了一個體重計到教室，每個同學必
> 須量體重。然後她出了一些數學題目，其中包括：「五位
> 體重最重同學的平均體重是多少？」

會不討喜地迸出這句話「這兩個遜咖也是你們那一隊的」或
「胖子也是你們的」。

　　肢體不協調或是體重超重的小朋友經常是別人戲弄的對
象。許多孩童在學校常因腰圍過大或體型龐大被其他同學嘲
笑、排擠和毆打。運動的時候以及沒有大人在旁、下課或休閒
時，這種情況特別嚴重。

　　上述範例中對女孩們造成更大傷害的老師，真的太過份
了。但學校一些立意良好、鼓勵學生減肥的計畫也大多效果不
彰。事實證明，當全班一起參加這類計畫時，有些孩子特別容
易遭到嘲笑和排擠。而這類計畫的背後採取的原則大多是：教
育和羞辱。那些體重超標的學生很快就被歸類於缺乏自律，又
自暴自棄的那一組，要不是這樣，他們不會讓體重失控。他們
缺乏恆心和毅力，所以不僅影響到美觀，道德方面也應該受到
譴責。

　　但這種選人的方式，不僅對那些上體育課時總是最後才被

挑走的孩子而言是一種羞辱，對那些表現中等的孩子們也是一種精神折磨。他們和其他孩子一起滿心期待，千萬不要剩最後幾個才被選走啊！我會是第二個或第三個嗎？還是會等到最後呢？

這是一種很奇怪的排擠方式，因為畢竟你們還站在一起，但突然間別人就只針對你的運動能力來評斷你，衡量著這個人對團隊究竟是助力還是阻力，而且答案立刻分曉。這種習慣於等級制度、排名、由上而下的行為模式，似乎從人類小時候就開始了。

位於食物鏈最上方者、團體中的第一名或老是前幾個就「被選走」的人或許完全無法體會這種被拒絕的負面感覺。但對於其他人而言，他們永遠記得那個痛苦的回憶，雖然滿懷希望地向前推擠，表現出熱情的模樣、願意為團隊贏球的渴望表情——但卻苦等到最後，小小心靈初嚐到失敗的滋味。

肥胖羞辱

就連醫生也有偏見和特定喜好，他們並非對所有人一視同仁。這對病患而言不是好消息，而且也有違俗稱醫師誓詞的希波克拉底誓詞，但反正現在也沒有醫生會以此立誓了。診間裡也是很人性化的，醫生會對某些病患比較好。對於不討喜的病患，醫生會盡快轉診給同樣不受歡迎的醫生或用其他方式快速

但彬彬有禮地將他們送出診間或醫院。許多醫生並未與病患保持必要的專業距離，這對病患而言並非好事。

例如：許多醫生不喜歡肥胖的病患，外科醫生對於腹腔的那一環肥肉更是敬謝不敏，因為那會阻礙他們開刀時觸及患處。內科醫生總愛將超重和肥胖與糖尿病、動脈粥狀硬化等各種危險疾病連結，常將渾圓的病患歸類於缺乏自律、不僅無法管好自己的身材，就連自己的人生也無能為力的人。因此，近幾年來，美國的心理學家開始討論對肥胖者的公開或潛意識歧視會造成什麼後果的議題。這種行為可能會對當事人帶來生理和心理的嚴重後果。

所謂的「肥胖羞辱（Fat Shaming）」就是在肥胖者或甚至身材不夠精實者身上貼上不合理的標籤：他們一定是太懶惰、安逸、好逸惡勞、邋遢、渾身散發可怕的臭味。此外，他們也缺乏動力。肥胖、糖尿病、愚蠢——是對那些因疾病和外表而受辱者最惡意的描述。

「醫學界不尊重肥胖者的行為會讓病患感到羞辱，即便這些行為出於好意，或許可以刺激病患，迫使他們改變他們的生活方式」，美國康乃狄克學院的心理學家瓊安‧克里斯勒（Joan Chrisler）說道，「但這對病患而言是很大的壓力，可能會導致病患太遲或根本未能採取醫療協助。」

但即使肥胖者能及時就醫，也不一定能得到適當的治療，且通常不會得到和正常體重者相同的治療。肥胖者常被排除於

專欄

針對體重數字的羞辱

胖子不僅不受醫學界青睞，在朋友圈中也常被拿來開玩笑，雖然這些玩笑並無惡意，但當事人不見得覺得有趣。就連在職場，肥胖者也常感受到敵意和歧視。他們甚至比較難找到工作，也常被視為能力不足。舉例來說：兩個擁有相同學歷和成績的應徵者，他們的履歷相當，都很適合應徵的職務。其中一人身材修長、精瘦，平常喜歡參加鐵人三項的活動。另一位則身高182公分，體重130公斤，表示平常喜歡看影集。誰會被錄取？

研究成果顯示，體型修長的應徵者錄取機率高於肥胖者。一個人如果生活在食物豐饒的國家，還能維持修長和精壯的身材，就表示他具備諸如：禁慾、紀律和企圖心的優點。反之，肥胖者則被視為懶惰和無紀律者。而這種對待身體的表現也會轉移到工作和企圖心表現上，雖然根據截至目前為止的研究成果來看並無支持這種假設的證據。相反地：鐵人三項愛好者可能會因練習而體力耗盡，對工作的投入還不及下班後就呆坐著看電視的其他同事。

醫學研究之外，因此例如：藥物正確劑量的研究成果就不適用於肥胖病患。最近的研究顯示，這種現象可能帶來的負面後

果：抗生素以及治療癌症的化學療法的處方劑量對肥胖病患而言通常都太低了，無法達到成功治療的有效劑量。

　　就連醫療診間對待肥胖者的態度也與正常體重病患大相逕庭。「研究成果顯示，肥胖病患之所以會減肥，常只是因為正常體重者更快被安排接受電腦斷層攝影、血液檢查或物理治療」，克里斯勒說道。「如果相同病症的病患只因為不同的體重而有不同的檢查和治療，這是不道德的，甚至有可能是錯誤的治療。」

　　因此，肥胖者的疾病可能會有被輕忽的危險，因為所有的不適很快被歸咎於病患的體型，其他的檢查全被擺在一旁，而問題真正的原因也不會再被探究。最近一個針對三百份屍體解剖的分析報告顯示，肥胖者的疾病被忽視的比例高於正常體重者的1.65倍。其中包括肺癌、慢性炎症性腸病以及心臟病等嚴重疾病。

　　大多數的肥胖者對於在就醫時因體重而遭受不平等對待的感受非常靈敏，他們不僅在醫療診間和醫院有過類似的經歷，在許多情況下也曾遭受過他人鄙視的眼神和羞辱的對待。「這種態度會從小動作流露出來，例如：醫生或護理人員不願意碰觸肥胖病患或是在病患檔案中記錄重量時，不經意的搖頭動作」，克里斯勒說道。「久而久之，這種態度逐漸造成當事人的負擔，也加深了他們被烙下印記的羞辱感。」

　　醫學對體重的狹隘看法常只將肥胖視為一種疾病，並認

定立即減肥就是唯一的治療方法。心理學家莫林‧麥克修（Maureen McHugh）認為這種看法有待重新思考。此外，克里斯勒和麥克修都認為，並無研究數據證明體重多少才算太高，且絕對是不健康的。許多分析結果則主張稍微圓潤的體型是健康的，所以輕微超重應更名為理想體重。此外，這種狹隘的看法反而讓醫生對於其他可能導致疾病的因素視若無睹，如：基因、飲食習慣、壓力和貧窮等。單方面的歸咎於體重也是導致近來肥胖成為學校霸凌事件最常見原因的始作俑者。

「肥胖當然是和攝取太多食物有關，攝取比人體所需的食物還多」，蘇黎世大學的內分泌科醫生菲力斯‧包伊敘萊（Felix Beuschlein）說道。「但食慾太好以及大腦飽足感的延遲則與基因有關。有些人的食慾就是比其他人好，沒有人可以準確地說出有多少比例是因為遺傳因素使然。將他們的飲食行為和因此造成的肥胖全歸咎於缺乏自律和意志薄弱，這位內分泌專家認為，這樣的結論太過於草率。

肥胖者因為體重而受辱，以醫學角度來看也是不公平的。這不僅太不厚道，也會讓人心理受傷。心理學家莫林‧麥克修也認為「肥胖羞辱會嚴重影響當事人的心理健康，進而又會導致生理疾病。」醫學教育還有很多著墨的空間，醫生、護理人員和心理學家在學習過程中應盡早接觸與肥胖者的工作，並深入瞭解開放或隱藏性歧視可能帶來的危險。科學家一致認為：治療首要針對心理和身體健康，而不是在於體重。

政界的權力操弄

有些人很會往上爬。他們汲汲於爭取在世界中心或接近中心的地位,一旦達成目的,就絕不輕言離開,這種人在政界屢見不鮮。他們總是能擠入大大小小的會議中,無論是在政黨協商、閣員會談、部會會議等。他們總是在老闆身邊或對面,成為眾人目光焦點。這種往上鑽營之爭的特色在於:他們一旦佔領了尖端位置,當有人也站上來時,他們也絕不會往旁邊挪移半吋,因為新來者恐危及到他們在強權圈裡費心保護的位置。

不是每個人都像唐納‧川普(Donald Trump)那麼厚顏無恥和粗魯,他在2017年的G20峰會上一手推開蒙特內哥羅總理,因為只有他——唐納‧川普理應在最中間的位置,而不是這個來自於他幾乎沒聽過的無名小國且連名字他都說不上來的人。沒錯,總不能讓全世界最強國家的總統排在第二排,而讓一個不知名的矮人國領袖搶走風采。

政治人物之間的互動顯示正確位置以及與權力中央維持適當距離的重要性,讓人聯想到大自然中動物的弱肉強食。政治人物多方討論政黨內的強權勢力,誰有多接近黨主席,誰又多堅持自己的立場。政治人物所站位置代表他們的階級。領頭狼站在狼群前方,銀背大猩猩則在猩群中稱霸。

就連被媒體稱為德國「巴伐利亞王」的霍斯特‧傑霍夫(Horst Seehofer),也不時以其將近200公分的長人之姿躍入

眾人焦點之中，其他人不得不隱入他身後或光從身高差距就凸顯其權力差異。特別是他也非常擅長於這種擠入權力中心的伎倆，在2015年基督教社會聯盟（CSU）黨代表大會時讓德國梅克爾總理站在他的演講台旁等候關鍵的十分鐘。梅克爾總理就像在學校裡被逼到牆角的傻女孩一樣，只能聽他說完他對難民危機的看法。粗魯、尷尬又沒風度是眾人對他的一致評論。

　　但即使沒有這麼明顯的權力操弄，傑霍夫對於鞏固他的地位也是機關算盡。聯盟大老會議時，他不會像其他高頭大馬的同僚聽從攝影師的安排往後或往兩旁挪移，而大多會直接站在梅克爾總理旁邊，企圖讓兩人將近三十公分的身高差更顯明顯，至少也凸顯其體型的優勢。

　　德國明鏡雜誌記者迪爾克・庫尤懷特（Dirk Kurbjuweit）在其有關基督教民主黨（CDU）政治人物飛利浦・密斯菲得爾（Philipp Mißfelder）的傳記著作中提到一個令人省思的例子。顯然，這位年僅三十五歲於2015年去世的年輕政治人物似乎將他的政治運氣和政黨事業的未來希望很大程度取決於他和梅克爾的距離。在媒體前，如果他所站的位置非常接近梅克爾，而不是退居第三排，再加上如果梅克爾偶爾將眼神落在他身上，那麼這一天就是成功的日子。庫尤懷特寫道：「密斯菲得爾現在的情況就是：她如果親切地和他打招呼，那他在基督教民主黨的聲譽就會提升，但如果她連看都不看他，就從他身邊走過，他就會覺得很尷尬。」

專欄

主教生氣時

卡爾・萊曼（Karl Lehmann, 1936-2018）曾任德國美
因茨教區主教，也曾經擔任德國主教區會議主席超過二十
年，從1987到2008。但這位自由派的主教在羅馬卻似乎
不受青睞，或許是因為他對於改變太過於開放。多年來，
他們也不隱藏對他的反感，因為卡爾・萊曼已經與紅衣主
教冊封失之交臂將近十四年了。

卡爾・萊曼是德國主教的最高職務，理應接任天主教
制度中僅次於教宗的最高職務。在天主教中，文字、象徵
和華麗的手勢具有至高無上的地位，至少這幾個世紀以來
已經形成非常重要的代表意義，因此羅馬天主教權力中心
對他的羞辱更顯得明顯至極。每當德國主教們參加盛典
時，來自科隆、慕尼黑和柏林的主教皆著紅衣，但德國主
教區會議主席卻只能穿著「一般」主教略顯失色的紫衣出
席。一直到2001，經過十四年的耐心等候，卡爾・萊曼
終於被冊封為紅衣主教。

這讓人聯想到一些眾所皆知的人類行為：排擠非我族類。
一些人挺起胸膛，圍成一道人牆，不讓其他人進入他們的圈子
裡。這種行為經常出現在派對、學校操場、和同事一起參加聖

誕聚會等社交場合上。

　　即使在日常生活中，我們也很習慣融入我們的朋友圈，或是築起一道牆不讓非我族類輕易跨雷池一步。「讓對方吃閉門羹」、「我根本不想理他」、「他要站後面」都是人我分界的言語表達，能快速達到排擠目的。然而大家從剛開始的和諧相處到同儕之中有人展現唯我獨尊的霸氣，一直到以羞辱的方式排擠他人，往往只在瞬息之間。

羞辱陷阱——角色遴選、達人秀和無恥的評審

　　有些人偶爾還會想起多年前被人羞辱的痛苦經歷，錐心的場景雖然早已事過境遷，但仍不時歷歷在目。那些大多是發生在童年和青少年時期會有毀滅性影響的貶謫和不公平的偏見。在我們學習和職業培訓的早期階段，充斥著各種成績、測試和評估。除了學校成績，我們還要通過各種測驗，諸如：游泳測試、駕照等。但總有一天，我們通過了這些考試，把畢業證書、學位和文憑拿到手，天天考試的日子終將結束。再也不必在走廊上緊張地來回踱步、不安地等待著，然後手掌心發汗、心臟噗通噗通跳著走到應考官面前，準備回答他們你挑燈夜戰背下來的答案。

　　但近幾年來，卻有越來越多的人自願跳入更殘忍的評鑑程序之中，自曝在大多為負面評估的毒舌之中，包括各種才藝表

演和達人秀競賽等公開式的考驗酷刑。

　　只要你能發掘到自己的天分，並加以發揮，不需要多年辛苦的受訓或培訓，就能一飛沖天，出人頭地。在這個前提之下，一窩蜂的青少年和年輕人心甘情願忍受傲慢評審對自己公開地品頭論足，且大多為貶抑的言辭。那背後的夢想：一夜成名、明日之星。這些過去以純粹的興趣和熱情唱歌、盡情享受跳舞的參賽者，現在站在舞台上由評審評估他們是否具有市場性。他們表演時的瑕疵和缺點將無情地一一被揭露，甚至參賽者曾引以為傲的才藝和天分，也在毒舌評審口中淪為平庸或三腳貓的不入流演出。

　　這種節目最大的看頭就是評審以露骨的言辭直接批評參賽者的橋段，特別是不假情面或居高臨下的毒舌批評。當看到有人在情感上受到羞辱時，觀眾的那種偷窺慾望以及從中得到的快感就是這類節目收視率屢創新高的原因之一。而身心發展都尚未完全成熟的參賽年輕人還必須忍受被譏為太胖或奇形怪狀、肢體不協調、唱歌五音不全或跳舞有如殭屍。確實有時候，參賽者的自我評估和他人感受、理想和現實之間有著驚人的差異，但讓他們知道業餘歌手與超級巨星的距離或是他們的歌唱還有改進空間，也不至於這麼無情地打擊他們。

　　評審的毒舌狠批是這類節目的重要元素。參賽者對評審幾近毀滅性的批判大多照單全收，有些參賽者甚至還感謝能得到專家的寶貴意見。節目美其名想要傳達希望繼續幫助這些年輕

人追求生涯夢想的訊息。但顯然地，該模式非但不是以此為目標，而是為了掩飾或美化評審的權力濫用以及觀眾的幸災樂禍心理。

您的意見對我們很重要！

另一種更普遍的評價暴力也是遵循資本主義的利用邏輯。但不會有人出於自願這麼做，被害者大多是被迫屈服於這種瘋狂的評價機制。現在去住飯店、使用公共廁所、訂火車票或到餐廳吃飯，都免不了之後受到店家意見調查的轟炸。「您滿意我們的服務嗎？我們還有需要改進的地方嗎？您的意見對我們很重要，請撥冗填寫意見調查表。」

消費者應根據各種標準，在數個類別中給予一到五顆星或加號、減號的評價——這樣就能讓飯店清潔員、大學教授和診所的醫生確實知道他們的服務有多麼差勁，必須立即改善。

有些評價網站基於良好的立意成立，特別是在像德國這種服務沙漠的服務產品總是令人為之氣結。面對糟糕、價格又過高的服務經常感到無能為力的客戶和消費者，終於擁有那麼一丁點掌握權力的話語權。但是客戶參與的論壇早已成為譴責和撻伐的平台，辱罵變成了常態，而非例外。學生、病患和消費者的報復無所不用其極，特別是這種投訴和辱罵大多以匿名方式發表，因此更激烈且具破壞性。發表人即使無的放矢，也不

會被起訴，因此他們肆無忌憚：終於不必任人宰割了！

　　蘇黎世的精神病學家丹尼爾・黑爾（Daniel Hell）將這種無窮盡的評價機會稱之為「羞辱陷阱」。無論是在餐飲、度假旅行或搭乘大眾工具等，消費者不時被要求評分、評價以及提出批評和意見。「您的意見對我們很重要」這句話雖然好聽，因為它將消費者擺在第一位，但它其實與客戶需求無關，而是掩飾了業者以此要脅和約束相關工作人員的用意。看吧！不是老闆認為你們員工的表現不佳，而是客戶說的──客戶至上。

　　看到了吧！你們的表現不佳，這是不對的。這次的評價真的很差，下次一定要改進，否則就要有處罰：評價低、薪水低，這表示客戶不認同你們的表現。你們要更努力、承擔更多責任。這就是法國哲學家米歇爾・傅柯（Michel Foucault）所著「規訓與懲罰」的資本主義邏輯。評價網站的運作原理與他所描述的監獄雷同，獄卒可隨時透過以扇形圍繞監控塔的小牢房觀看和監控囚犯，迫使他們自律，達到獄方期待的順從。而相關人員害怕得到負面評價的心態也是如出一轍。

　　然而，客戶在填寫問卷表和評價調查表時的草率和隨意與評鑑結果的被害者所承受的嚴重後果，卻呈現怪異的對比。彷彿業者隨著評鑑調查表的結果也取得一把從此以後可盡情數落員工工作不力、肆無忌憚地羞辱他們的尚方寶劍。

　　「但人類的羞恥心也代表一個人的自尊心與周遭人的關連

性」，精神病學家黑爾說道。[3]「即使層層將自己包裹起來，也無法拋開羞愧感。因為我們無法輕易地避開他人的目光，而我們的羞恥心已經內化，會不時在腦海裡不斷重複上演那令人羞愧的情景，然後自慚形穢。即使聽不到或看不到別人對自己的評論，我們也很難以擺脫他人對我們的看法。所以黑爾認為，如果有人試圖利用酒精、毒品或藥物讓自己沉浸在恍惚狀態，藉此擺脫羞愧感，那是沒有用的。那只會阻礙自己的心智發展，更別提其衍生更嚴重的身心障礙了。

在公共媒體和爭取更多客戶的戰爭之中，這種新式的羞辱文化儼然已經嚴重畸變。市場上早就出現一些在各種網站上以數百歐元的價格銷售正面評價套組的公司。無論是飯店、餐廳或診所，只要願意花大筆金錢，就能在相關網站上買到清一色五個星星的評價、優點和A級評價。

這證實了部分眼尖客戶心裡的臆測：千萬別相信這些評價。那些面對商家感到無能為力和被欺壓的消費者以毀滅性的惡評強大自己，而因此感覺受辱和貶低的商家則以買來的正面評價回應。

3　Hell D: Kränkung und Scham in der Erfolgsgesellschaft. Zeitschrift für Integrative Gestaltpädagogik und Seelsorge 2016; 80: 28

本 章 重 點 回 顧

1. 許多領域都會出現排擠、歧視和霸凌的現象，但它們發生在學校和職場上的破壞性更為嚴重，因為當事人無法立即離開所在團體，且這些團體大多要求彼此之間寬容以待以及和諧共處。利用照片揭露他人隱私或在網路上散播他人的壞話等，更加劇這些惡意行為的殺傷力。

2. 肥胖者容易遭受歧視，特別是從事體育運動以及在學校。但在職場應徵時，肥胖的求職者也較容易被歸類為好逸惡勞和缺乏動力的人。因此在應徵工作或晉升時，他們的機會比較少。

3. 參加選秀節目的參賽者自願承受評價暴力，人們的偷窺慾望是這類節目一炮而紅的關鍵因素。評審對參賽者的毒舌和羞辱都是節目的賣點。

4. 對於服務和產品的評價和投票是現代人難以逃脫的「羞辱陷阱」──從清潔婦、醫生一直到教授幾乎全都難逃被品頭論足的命運。於是形成不斷被監控的感覺，緊接著可能還要面臨懲罰、責備或減薪的命運。

第十一章

情緒是資產：當過度負載和不確定性讓人生病

「在步調快速的現代世界中，每個人都被要求要具備高度的適應力，有些人還會擔心自己與團體脫節」，柏林醫學大學心身醫學主任馬蒂亞斯‧羅斯（Matthias Rose）說道。此外，許多員工淪為「人力資本」，幾乎「感受不到自己對公司有何任何貢獻」，只有越來越多的不堪和羞辱。過去這幾年來，心身醫學不斷致力於釐清哪些生物機制可能使得職業壓力和危機導致慢性病以及職業壓力和危機如何導致慢性病。

英國社會流行病學學家理查德‧威爾金森（Richard Wilkinson）收集了許多有關收入和教育差異對民眾身心健康影響的證據。該差異適當的國家不僅在民眾壽命、疾病和生活品質方面都有正面的數據，犯罪率、輟學率以及藥物依賴性也明顯較低。

　　過去這二十年來，瑞士醫學社會學家約翰內斯・西格里斯特（Johannes Siegrist）不斷地告誡大家，職場上的過度壓縮和不確定性如何壓迫人們。缺乏主管的認可和支持以及越來越多的負荷幾乎是職場每個層級的普遍現象，不只限於勞工階級。

　　就連經理級和其他高階領導人對自己的職務也不再那麼篤定了。這種「與地位相關的不確定性」會帶來體重增加或是酗酒方面的健康問題。於是造成惡性循環：缺乏認同會造成背痛、長期的不滿和過載則增加血管堵塞和中風的風險、壓力加劇身體的發炎現象。雖然近來民眾逐漸瞭解工作不確定性、壓力和疾病之間的關連性，但醫學社會學家西格里斯特還是要提醒大家，這些認知其實還算很新。九零年代末，有關工作不滿意會增加血管堵塞和憂鬱風險的第一份流行病學調查結果才正式發表。當時心臟科醫生還提出強烈的抗議：簡直大放厥詞，這些「軟性的心理因素」會致病？

　　哲學家迪特・托瑪（Dieter Thomä）詳細說明個人在現代社會中感受到的撕裂情緒。兩種社會的強大力量「從頭腦到靈魂」來回撕扯人們——擁有權力和無能為力的情緒不時交替：一方面，被困擾者不斷被告知有些決定是「無可替代的」，非得這麼做不可，強制性事物沒有其他選擇性。「失去權力的個人行動空間越來越小，越發感到受到限制」，托瑪認為，「這會讓人生病。」

而另一方面社會又希望培養非傳統的人、對所有例行性事物抱持懷疑態度、勇於拋棄熟悉事物、另類思考和行動的原創性思考家。「Think different」、「Do what you can't」——不僅在廣告中，這些鼓勵突破既有軌道的呼籲變成了矛盾的強制要求。但一個人如果沒有失去理智或精神平衡，怎麼可能辦得到：一方面融入團體，接受既定事物，但同時又致力於改變既有關係和自己？所幸，那些在這些矛盾訊號之間挺過撕扯測試的人，心理和生理都能保持健康。

「個人在這兩種分歧日益嚴重的原則之中消耗，精疲力盡，逐漸瀕臨精神崩潰」，托瑪說道。「這是一個參雜著被害者和要求者的棘手情況。」由於要求越來越矛盾，同時也越強烈，於是看似舒適的中間路線就變成了一種成就，只是更難達成了。畢竟平衡總是更複雜的。

然可喜的是，儘管如此，備受壓力者還是可以找到出口。感覺融入「可靠的關係」之中，但仍感覺保有自己的行動力和行動效能，不僅能讓人感到滿意，還更健康，不單托瑪先生這麼認為。

這將會為醫生帶來更全面性的挑戰——反技術主導趨勢而行——醫生不能將人簡化到單一功能，而是必須連同其周圍環境全面檢視一個人。德國海德堡大學托馬斯・福克斯（Thomas Fuchs）以淺顯易懂的範例說明這項挑戰。醫生如果只將焦點

放在視網膜、視神經的神經傳導或是枕葉視覺中心細胞內的訊號傳遞，就無法看到這個人露出欣喜或恐懼的眼神。

「細節過程研究無法重建生物體的維度」，福克斯說道。他認為，要研究生物體，就必須參與其生活——這個步驟必須優先於任何的大腦掃描。唯有如此，才能診斷出真正的疾病：人類互動的疾病。但醫學界似乎已經逐漸拋棄關係層面的診斷視野。

對於這種以全面向視角看待一個人、他的經歷以及他的身心狀態的態度，作家希莉·哈斯佛特（Siri Hustvedt）也提出對當前現實生活的重要看法。這位對文化和神經科學深感興趣的作家早就對醫生看待病患身體的那個冷漠、冰冷以及越來越事不關己的眼神感到不滿。她回憶起曾經因長年偏頭痛就醫的經驗。由於試過各種治療，偏頭痛的問題依舊無解，但醫生和護理人員只堅持按照他們既知、但對她就是無效的方法進行治療。「醫學界仍以機械式思維為主導」，哈斯佛特說道，「任何人都無法脫離其環境之外，病患更是如此——沒有環境，基因也是一籌莫展。」

因此，醫生、雇主、政治家和科學家等有充分的理由去實現心身醫學導向的醫生和社會科學家早認定為健康和有生產力的理論。其中包括創造更自由、同時也更令人信賴的工作模式以及實現正義和社會參與。

但我們也要呼籲個人，不要再沉浸於被害者角色，拋棄你習以為常的無能為力。特別是在探索和激發自我效能方面。這並不是全新的認知，但近來已逐漸被遺忘。英國詩人約翰‧多恩（John Donne）早在1623年就曾在其詩作中寫道：「沒有人是孤島」，當時他正在生病。

矛盾中的生活──表現人性，但別忘了隨時保持笑容

沒有人會直接在走廊上就地解放，因為人類已經學會了控制生理和情緒的排泄物，至少大部分如此；其中包括壓抑強烈的情緒感受。雖然有時候真的很想宣洩，但也不會隨時隨地怒吼。因為任意發洩情緒，在大多數情況下是不合宜的。

但人們同時又期待，可以保持真實和真誠，如實表現自己。運動員不只應該表現他們的情感，還要願意說出口。政治人物不僅是賣弄語言的機器，也應該表現人性。在兩種期待之間，有如走鋼絲，困難重重，一不小心就會粉身碎骨。將頭腦和心臟、理智和情感二分法的傳統劃分早已過時，但多數人並不完全理解。

有許多職務被要求只能表現特定且被期待的情緒，其他情緒則必須被壓抑。例如：空服員應表現親切、值得信任，不僅

專欄

差強人意：當政治人物想要表現人性時

　　德國社民黨（SPD）黨主席馬丁・舒爾茲（Martin Schulz）是2017年最倒楣的總理候選人。他同意由明鏡週刊記者馬庫斯・費爾登基興（Markus Feldenkirchen）貼身紀錄他的日常生活。這名記者希望透過長時間近距離觀察這位政治人物，讓觀眾瞭解他的真實樣貌。但當這篇文章在對舒爾茲和社民黨而來都是毀滅性的聯邦大選之後一發表，舒爾茲肯定面臨到很多嘲笑和酸言酸語，而費爾登基興則榮獲了記者獎。舒爾茲完全符合民眾所要求的：表現人性。但或許我們的政治人物不能那麼人性化。

　　德國總理梅克爾也有過類似的經驗。2015年她想要安慰一名哭泣的難民女孩：或許在瞭解到她也愛莫能助，但不出言安慰又會被認為是冷酷無情的情況下，她或許也想嘗試表現真實的自己。她當時確實很尷尬，梅克爾試著表現「真實自我」的嘗試卻適得其反。

不能對酒醉或無理的乘客表現出生氣和憤怒，還要繼續微笑，即使他們一點都不想。護士和老人看護在工作時不能表現出嫌惡的表情或對每天重複性的工作感到厭煩。他們必須打起精神繼續工作，並盡可能對病患和老人們表現同理心，即便他們當

下有難處。

　　老師、幼稚園老師以及許多服務業也是如此，他們只能表現特定的情緒，盡可能隱藏其他情感。[1]工作時，女性大多會被要求保持冷靜，即使內心有如滾水翻騰，也要保持親切笑容。但也不一定僅限於親切，法警、負責通知解雇消息的人事主管和老闆也必須表現客觀，盡可能不要參雜任何情緒，絕不能讓別人發現他們的傷心、同情或後悔。

　　根據估計，目前至少有百分之三十的男性以及高達百分之五十的女性在必須壓抑情緒或至少暫時隱藏情緒的產業工作。他們理所當然地會戴著面具工作，社會學家伊麗莎白‧貝克—格恩斯海姆（Elisabeth Beck-Gernsheim）將這種永久性心理設定稱之為「情緒演技」。他們必須不時在工作和私人感受之間來回切換，每天花費龐大的精力來執行這種「情緒管理」。

　　經常被要求隱藏自己的內心世界，也是一種情緒暴力嗎？為什麼要將實際感受和外在表現分開呢？這種與自我情感劃清界線的作法長期下來是不是也是對自我的慢性情緒施暴呢？當一個人必須每天戰戰兢兢地控制自己不要流露太多內在真實情感時，他還能表現自己「真實」的情緒嗎？

---

[1]　Hochschild, Arlie Russel: Das gekaufte Herz: Zur Kommerzialisierung der Gefühle. Frankfurt a. M., New York 1990

專欄

佩爾・默特薩克和足球球員的情緒

　　球賽一結束，全身汗流浹背又氣喘吁吁的球員馬上接受記者的提問。他們對這場比賽的感想如何、打敗強勁對手的感覺等等。球員們大多會以「不可思議」或我還找不到合適的言語來形容來回答──非常理所當然。但這並不是真的因為他們詞窮（雖然有些球員確實如此），更多時候是因為這問題太涉及私人感受，而大多數人不善於將內心深處的世界攤在幾百萬觀眾面前，表現他們的感情。他們一旦這麼做，將會引起劇烈的震撼。

　　代表德國足球隊隊出場104次的佩爾・默特薩克（Per Mertesacker）曾於2018年3月向媒體坦言，他在擔任職業球員期間承受巨大的壓力，每次比賽前一天都會腹瀉，開始比賽時還會有嚴重的嘔吐感。他不假掩飾的坦言顯示高薪足球事業的黑暗面──但這種負面情緒的呈現並非足球產業所樂見。雖然西班牙明星球員安德烈斯・伊涅斯塔（Andres Iniesta）或拜仁慕尼黑的馬特斯・胡梅爾斯（Mats Hummels）都曾發表過類似的談話，但有些評論員和退役職業球員對此非常不諒解，認為佩爾・默特薩克為年輕人做了最壞的示範。

　　於是，每天必須執行的情緒轉換逐漸演變成許多人習以為常的情緒策略。情緒勒索和能量吸血鬼是指人們在私人生活時也被迫去扮演別人希望他們扮演的角色。如果特別表現特定的高昂情緒，並隱藏其他情感，屬於履行工作的一部份，那麼真正的情感就會變成稀有珍寶，在不確定的情況下，大多數人寧可將這份珍寶保留給自己。

本章重點回顧

1. 企業要求員工如實完成工作，不要有所質疑。但同時又希望員工具備橫向思考能力、發展全新概念和創新的解決方法。企業期望的這兩種極端之間空間越來越小──這種撕扯般的試煉對員工而言就是情緒暴力，久而久之恐令人崩潰。

2. 當一個人長期遭受壓抑，因而出現心理障礙，將會產生什麼社會後果，目前尚不得而知。當社會中受到奴役的靈魂屬於多數時，歧視、種族主義和仇外心理的趨勢就不容忽視。

3. 許多職業只容許出現或表現部分情緒，當人們在日常生活中必須不時戴上面具，終有一天，他們將難以分辨「真實」的情感和逢場作戲的情緒。

4. 民眾通常希望媒體光環下的名人能夠呈現他們「真實」的自己，表現他們的喜怒哀樂。但名人們一旦嘗試這麼做，往往又遭人議論，惹來酸言酸語，因為觀眾顯然只想看到他們某部分的情緒。

第十二章

加害者和被害者

　　每個人都有各種基本的情感需求：追求平靜、渴望安全感、保護和愛、親密感。但同時也需要自由和獨立，因為人有好奇心、想要自主，所以需要與他人保持距離。

　　幼兒在依附階段期間若發展良好，就會形成願意接受親密感，但也能獨立的個性。若發展不順利，過度保護的父母會對孩子對世界正在萌芽的好奇心造成壓力，於是阻礙了自信人格的發展，孩子逐漸形成緊張焦慮的性格。缺乏父母陪伴的兒童同樣也會出現問題，他們容易以自我為中心、拒絕別人幫忙、有憂鬱傾向──心理學家稱之為「關係恐懼」。

　　反之，經常對孩子祭出處罰或甚至拳腳相向的父母無法保護孩子，反而會對孩子造成嚴重的創傷。進而導致孩子容易受到他人或威脅經歷刺激，形成嚴重影響生活的混亂人格。

　　心理遭受惡意攻擊後的痛苦壓力指數因人而異，並沒有可靠的測量儀器，也沒有「嚴格」的科學條件可以檢測哪些精神傷害具有什麼程度的負面作用。因此不應用「沒那麼嚴重

吧！」的輕率態度鄙視他人的痛苦。疼痛是主觀的感受，無論是身體或精神。

　　「易怒」是成為被害者（反覆創傷的經驗終有一天會對當事人造成傷害）、同時也是某一類型加害者的風險因素。當某人容易被激怒，和許多加害者的情形一樣，特別是男性，可能就是憂鬱的初期徵狀，會加重其情緒暴力的傾向。視其嚴重程度而定，日常生活的不順遂會加重其力度，決定這個人是否以及如何變成被害者。不知從何時開始，他的失控情緒超越了個人界線，當事人從自己的精神或生理反應意識到這種情況。他急需協助和建議，不要讓這些症狀逐漸變成理所當然。

　　這是每個必須忍受情緒暴力的人不想面對的議題，但醫生和心理學家一再表示，某些人格模式特別容易成為情緒暴力的被害者。其中包括：經常感到內心受傷或不受尊重、總認為都是別人的過錯或責任的人。當生活的不順遂頻繁出現或帶來強烈的痛苦壓力時，那是因為當事人的個性傾向和加害者的行為在暴力事件中佔有相同的比重。

　　以霸凌為例：在大多數的霸凌事件中，被霸凌者故意忽略自己的責任比重也不小，有時候甚至與加害者的責任相當。其自身責任可能是本身的神經質和自戀傾向：神經質的人容易受到刺激、緊張、易怒，容易表現不安和焦慮、鬱鬱寡歡。這種個性傾向越強烈，就越容易感覺受到侵犯和不受尊重。憂鬱傾向也扮演重要角色：有憂鬱傾向者，越容易對他人感到失望。

被壓抑的攻擊性

有關仇恨和情緒暴力形成的可能因素，早期的兒童精神病學家和心理學家曾認為：當孩子突然對父母生氣時，父母大多會感到驚訝——畢竟他們認為自己都是為了孩子好，願意給孩子一切。但孩子有可能從一歲就會討厭父母。「孩子第一個討厭的是自己的父母，那也不錯」，來自費城、1928年生的精神病醫生，同時也是大屠殺倖存者的亨利·帕倫斯（Henri Parens）說道。但他這麼說並不是挑釁，「除了父母，誰還會這麼細心照顧討厭自己的人呢？」

但帕倫斯認為，童年時期形成的討厭和憎恨也可能發展出未來的破壞性行為以及歧視傾向。「對母親生氣的孩子，不會拿東西丟母親，而是會丟她旁邊的人」，帕倫斯說道。當然也會有直接攻擊父母的孩子，但這些孩子事後發現，把憤怒發洩在弱者身上或至少不會抵抗的對象才是最好的方法。孩子很快學到，不要將自己的情緒發洩在觸發者，而是應該發洩在更容易下手的被害者身上，這就是許多衝突發生的情況。找到代罪羔羊，憤怒和憎恨的情緒很快就會轉移。這是一種反覆循環的模式：憤怒的觸發者大多能平安無事，反而是弱者和無力抵抗的無辜者受害。

上述情形與歐洲現今出現越來越多激進政黨的情況類似，顯然地：受到壓抑、感到被漠視、不在社會陽光面、屬於人生

失敗者的族群，會將他們的攻擊性瞄準與他們本身的問題無直接關連的抽象化敵人：外國人、猶太人等。這些弱勢犧牲者成為他們悲慘際遇的代罪羔羊，從德國薩克森邦和其他德東地區仇視外國人最嚴重的情況證明，這種現象既不理性，也無邏輯可言，因為這些地區只有極少數移民人口。但從多數歧視和壓迫案例來看，對於這些急於尋找情緒出口的人，這種尋找代罪羔羊的心理機制運轉最有效。

然而，破壞性人格和偏見並非與生俱來，雖然每個人都有潛在的侵略性和破壞性，但這些性格的爆發都是因為心理傷害、長期受到壓抑和羞辱所致。「讓孩子陷入尷尬或甚至羞辱他們，會對孩子造成嚴重的傷害」，帕倫斯說道。「進而形成他們具攻擊性和憤世嫉俗的傾向。」加害者與孩子的關係越親近，其影響力更具破壞力。

攻擊性某種程度上是人之常情，但卻常被視為負面特性，而不被視為挑戰。如果能夠有建設性地處理它，消弭它的破壞性，或許更容易與它共存。許多人總認為自己必須「是個好人」，特別是服務業。但為什麼一定要這樣？正因如此，難怪隱藏的攻擊性偶爾會失控竄出。偶爾聽說在醫學或治療領域工作的人在失控當下奪門而出（他們當下一定有無比的快感），在高速公路上疾駛發生追撞意外。如果這是當事人唯一隱藏的攻擊性，偶爾會失控脫離軌道，那後果還不至於太嚴重。

專欄

棄兒的報復

小團體中的現象通常會是社會的縮影。智利女作家伊莎貝·阿言德（Isabel Allende）的小説「精靈之家」（1982）中就有很好的例子，這本小説後來也被拍成電影：這本書的故事情節是，主人強暴了一名農場女工人，並與她產下一子。後來，這個兒子希望認祖歸宗，直接找上門，向他的父親主張他的權利。他三番兩頭找上門，但每次都被他的父親粗暴地拒絕。1973年智利軍事政變，軍政府暴力取得政權後，他成為軍政府的施刑者。後來為了報復父親，他對父親和父親的婚生女兒嚴刑拷打長達數週。

近幾十年來，心理學家和心理分析對整體社會現象的關注越來越少，只有在處理戰爭創傷議題時才會零星提及相關問題。將群體視為「治療」社會冷漠和疏離以及藉此達到預防性避免暴力的可能性，應該會是很有效的方法。

佛洛伊德很早就發明了「情緒繼承」的概念，意指後代的部分家族成員繼承了父母遺傳給他們的封閉和悲哀。

親疏遠近的問題

　　情緒暴力的被害者往往有親疏遠近需求失衡的問題，因為渴求親密感，因此會小心翼翼地抓住對方，卻也因為尋求距離，而缺乏連結的能力。大多數人希望保持獨立和好奇心，擁有探索世界的空間——但同時又希望擁有一個隨時歡迎他回家、讓他安心休憩的家庭。這種兩全其美的渴望也希望能延續到職場上：員工在公司裡如果能感到受到歡迎和得到支持，那他對親密感的需求就能得到滿足。如果他能自由發揮、激發創意，並且能獨立作業，那表示他擁有足夠的空間和距離。「醫病關係中也存在著成功治療的關鍵點」，德國海德堡醫學大學矯形外科醫生馬庫斯・席爾騰沃夫（Marcus Schiltenwolf）說道。「渴望受到保護的病患需要支持和安全感；有強烈人我分界需求的病患，亦即無法忍受太多親密感的病患則相反，他們需要與他們保持專業距離以及讓他們感覺善於管理自身健康問題的醫生。」

　　我們的關係建構方式是以與安全感和疏離感的眾多原始經驗為基礎，它決定我們未來在一段關係中得到的情感以及我們期望的情感。如果沒有這種情感，生活可能會變得不順遂或者感覺自己被霸凌、被排擠、不被喜歡。

　　如何處理情緒暴力，全視當事人日常生活的痛苦和受影響程度而定。「如果情緒暴力大到喚醒當事人童年時的暴力經

驗，就應採取醫學治療」，馬庫斯・席爾騰沃夫說道。如果症狀不是短暫出現，而是超過三個月以上，治療師認為應該立即尋求醫療協助。

這種例子很多，企業經理人經常在團隊成員面前被老闆責罵，或是老闆派給秘書一大堆工作，秘書一反彈，就被老闆開罵羞辱，而且不只一天，而是連續好幾個月。另一個例子是常被要求在根本不可能完成的期限內完成工作的一個工程師。由於公司人力精簡，他工作到精疲力竭，多年睡眠障礙之後出現了心肌梗塞。

警訊：情緒暴力一觸即發的徵象

從不同的徵象可以檢視情緒暴力是否已經到了應尋求醫療協助的程度。「到達黃色或紅色區域時，無論是加害者或被害者都應該尋求醫療介入」，德國慕尼黑社會心理學家迪特・弗雷（Dieter Frey）說道。「例如，當加害者的言辭、手勢和音調完全失控、衝動且不可預測時，就是一種警訊：從其他人義憤填膺地挺身嚇阻的行為即可識別。」

被害者何時該尋求醫療協助，則由其痛苦程度來決定。當自尊、面子或自我認同感喪失等的心理問題越來越嚴重，且又出現功能性障礙、心臟循環、飲食障礙或睡眠障礙等生理問題時，就是其他的警訊。「在工作上，這些警訊也會與過勞或內

專欄

誰是情緒施暴者？

偶爾小小的惡作劇和揶揄、開開別人的玩笑、抓住別人的弱點或將自己的怒氣發洩在親近的人身上。很少人基於惡意進行上述行為，但若超過界線，還是會造成許多人後續的傷害。

但有些人渾然不覺自己的行為已經傷害了他人。他們太以自我為中心、太無知，只想從中得到優越感，甚至感到樂趣。但這些有精神問題傾向的人，也會學習到同理心。就像小孩子一樣，周遭的人應該教育他們改變看法：「你可以想像一下他現在的感受嗎？」或是「想像一下，如果你是他，該有多傷心？」

此外，還有一種脾氣暴怒的人，他們每每會在盛怒之下冒犯和羞辱他人。他們的心理狀態極不穩定，會用言語偽裝自己，但他們無法控制自己不這麼做。別人也幫不了他們，抵抗也無濟於事，因為這種人一旦脾氣暴發，失控言語攻擊他人時，只會一次比一次更激烈。

但有些人就是有施虐傾向，他們以他人的痛苦和苦難為樂，還無所不用其極地去加重力道，卻絲毫沒有一丁點良心不安。

在排斥工作的現象結合」，弗雷說道。「情緒暴力的被害者可能會感到心力交瘁、羞辱，並感覺自己生病了。」

當我們感覺「被輕視」時，同時會湧現無能為力、無用和無助的感覺。任何的抵抗似乎都是徒然。隨之而來的是自責、罪惡感和自我懷疑，核心的社交需求和情感需求也會受到傷害：這種情況下，人會將自己隔離於社交團體之外，特別是當他求助無門、感到受到約束又無能為力時。

那種感覺有如身染重病，就像癌症病人也不時必須克服受到制約和身份認同喪失的問題。透過自身價值系統或親朋好友的支持，得到內心力量的病患擁有較高的治癒機會，特別是即使遭遇創傷經驗（相當於癌症）仍能捍衛其自我價值、甚至在自己的命運中找到和感受到意義，進而控制自己和其體驗的病患。疾病帶給他們的壓力比較小，他們的免疫系統較為穩定，活得也比較久。這和遭受情緒暴力者的情況類似：重要的是被害者如何處理情緒暴力事件。擁有精神支持、穩定的社交生活以及廣泛的心理資源的人，對於這類事件的防禦能力比較強。

挖苦、侮辱、輕視，是暴力嗎？

為什麼會是暴力？「暴力」這個名詞看似殘暴，每個人偶爾會遇到障礙、遭受批評和譴責。那是生活的一部份，但有必要因此大做文章嗎？這些經驗是生活的養分，如果能好好地克

服它們，我們就能變得更成熟。如果把它們貼上「情緒暴力」的標籤，一定有些人會厲聲疾呼：「你們看，我深受其害，都是他們的錯，我只是被害者，跟我沒關係，我無法抵抗。」

這些是醫生、心理學家和社會科學家跨界辯論的一些論點，一位醫生說，「當事人意識到的自我責任往往太少，以致於掩蓋了個人可以有所因應作為的視野，自我效能感扮演關鍵角色。」

一位心理學家建議，或許使用「情緒阻礙」或「情緒障礙」較為適合。當然也是有情緒暴力的情況，但「暴力」這個概念比較複雜，至少它涵蓋了施展暴力的各種方法能力、可能性和行為本身──以這個角度來看，在男女親密關係中，每個人都擁有對另一半的情感支配權，無論是正向或負向，廣義而言，這也是一種情緒暴力。如果將冷嘲熱諷、惡作劇等日常生活上所有小小不愉快皆視為某種型態的情緒暴力，恐有將情緒暴力氾濫化的風險。老師的斥責或老闆的咒罵與長期的羞辱或漠視可不能劃上等號。

因此，情緒暴力這個議題也包含了一貫性的自我發展角度，亦即抗拒的成分。也就是被嘲諷和被排擠的當事人自己應承擔的部分。「有時候，加害者對被害者的羞辱行為與被害者的接受態度息息相關」，身心科主任醫生彼得‧亨寧森（Peter Henningsen）說道。

專欄

把無情視為教育原則

奧地利電影導演麥可・漢內克（Michael Haneke）的「白色緞帶」（Das weiße Band）（2009）是最能見證德國一直到二十世紀仍盛行、且至今仍偶見其悲哀殘毒的嚴厲教育方式的電影。這部電影的情節雖然是虛構的，卻深刻描述赤裸裸的現實。漢內克曾說，他在寫劇本時，閱讀了「無以計數有關十九世紀的教育和農村生活的書籍」，希望將這些認知運用在電影上。就連電影名稱也是他從大量閱讀中找到的靈感。十九世紀時，白色緞帶綁在學生手臂上代表處罰，藉此孤立以及羞辱受罰者，讓其他人引以為戒。

然而，情緒暴力也包含世代相傳的社會歷史因素。原始的教育模式和「磨練」孩子的方式以及部分行業世代相承的嚴苛互動模式勢必將無所懼地繼續傳承下去。

但什麼程度的情緒暴力不僅可視為個人心理問題或日常生活現象，但也可能反映了自我關係與他人關係上的一種危險社會缺乏現象。「德國家庭不容許成員彼此之間大聲咆哮或陷入衝突」，身心科主任醫生尤讓・羅內爾（Joram Ronel）說道，

「當發生衝突情況時，他們寧可關上門。這和針對這種童年經驗和其他委屈經歷對健康的後續影響的最新調查結果相當符合。」

「待澄清的現象越早變成典型的日常生活現象，就越難找到很好的心理定義和理論框架」，蘇黎世大學心理學家安德烈亞斯·馬爾克（Andreas Maercker）說道。「當諷刺和揶揄變成了所謂的溝通輔助手段時：人們轉而使用負面和貶謫言辭來掩飾他們真正想要表達的。」

情緒暴力：無病呻吟的奢侈問題或精神不穩定的警訊？

情緒暴力究竟是富裕社會的「奢侈問題」或代表越來越多人精神不穩定的危險警訊，心理學家、精神病學家和身心醫學博士的見解分歧。「我不認為情緒暴力是一種奢侈問題」，海德堡醫學大學馬庫斯·席爾騰沃夫說道。他身為矯形外科醫生和疼痛治療師，經常接觸到因精神壓力造成生理問題的病患。「在現代社會裡，我們特別需要能夠團體合作、創意思考以及自主行動的抗壓個性，而情緒暴力嚴重威脅到這些能力。一個人如果不時受到羞辱、情感受傷，就無法滿足現代社會的要求，壓力、過勞和適應壓力接踵而至」，席爾騰沃夫說道。

然而社會心理學家迪特·弗雷強調，「過去社會的上下分際更明顯，因此有更多不同型態的強權欺壓和權力濫用。我們

有幸生於人的尊嚴受到基本法保護的社會，當基本原則受到傷害時，大家也不會坐視不管。和過去年代不同的是，當人的尊嚴受到傷害時，憤慨的情緒更為強烈，這是好現象。」

但我們也可以更批判的角度來看：民主的富裕社會卻沒有給人民眾充分的保護，來避免不道德、不人道的行為，無論是私人領域或職場環境。我們甚至還可以說：成就型和競爭型特性越明顯的社會，民眾壓力遽增的風險更高。這種爭取成就、競爭和生存的競賽往往以犧牲弱者為代價。科學家們一致認為，對他人的惡意行為雖然未提早出現，但其強度增加了。所以起而防禦，自我保護，更顯重要。

「情緒暴力絕對不是富裕社會的無痛呻吟，但也不是日常生活的黑暗面，而是會對人們的福祉、心理穩定和發展帶來危險」，德國漢堡大學醫院馬丁‧黑爾特（Martin Härter）說道。「相關的臨床證據很多，證實情緒暴力與慢性抑鬱症和嚴重的人格障礙有關，但也有跡象顯示其與一些慢性疼痛症狀有因果關係。」

嚴重創傷：或者「只是」嚴重的心理受傷？

人在經歷重大事故後可能會出現長時間的創傷後遺症。身體或性虐待、意外事故或戰爭、逃難和被驅離等經歷常會在腦海中留下痛苦的畫面和深深的傷疤。被誘拐或被綁架、重大災

難的唯一倖存者等，這些都是人生中的恐怖經驗，這些恐怖記憶隨時可能被喚醒，或許永遠都無法從腦海中退去。

這方面的研究資料目前仍嫌不足，嚴重創傷的心理後果目前主要歸類於創傷後壓力症候群（PTSD）的研究範圍。這種症候群是因為美國退伍軍人而廣為人知，這些越戰軍人在戰後幾十年後仍深受越戰的可怕景象所苦。德國聯邦國防軍人派遣到前南斯拉夫、非洲或阿富汗參加戰役之後，也擺脫不了PTSD的惡夢相隨。綁架肉票、意外事故受害人以及遭受性虐待和身體虐待的被害者也說，他們無法擺脫恐怖和可怕的記憶。

「如果要歸納出有意義的總結，其實並無科學證明情緒暴力與既知的創傷後壓力症候群有關係」，蘇黎世大學心理學教授安德烈亞斯・馬爾克說道。醫學和心理學尚未研究出為什麼有些心理傷害會嚴重影響精神和身體健康，但有些的影響程度則較低。

這也是因為世界上每個地區對情緒暴力的重視程度不一，畢竟地球上各區域的生活條件差異性很大。相較於老是被老婆、粗俗的老闆或不時挖苦人的同事折磨的人，忍受飢餓，不知道自己或家人下一餐吃什麼的人的煩惱是不一樣的。

「來自其他文化的同事對於創傷和創傷後壓力症候群的既定概念完全可以理解，他們認為我們這些歐美西方人有時候會將他們視之為小問題的事情太小題大作，他們甚至可能將這些小問題視為人生常態」，這是馬爾克與來自其他地區的心理學

家討論時得到的印象。

　　理所當然的是：經常必須擔心生命安危、受到戰爭、內戰、種族紛爭、壓迫、折磨或驅逐等威脅的人，想必無法理解生活在和平國度者所謂的無病呻吟的「第一世界問題」（First World Problems）。相較於烽火連天下的搶殺掠奪、家毀人亡和大肆屠殺，工作上的一點點壓力又算什麼！

　　看看世界上飽受各種動盪和不安肆虐的地區，那裡的人們生活遠不如我們。能生活在各方面條件相對來得高的中歐，我們該心存感激，不要再怨嘆自己的命運。精神病醫生曼弗雷德・盧茨（Manfred Lütz）每每遇到現代人喃喃叨唸著工作壓力大、別人一則電子郵件和一通電話就要隨時命時，他總會有這樣的感觸：「歐洲三十年戰爭時，人們一天二十四小時任瑞典軍差遣，那才更痛苦吧！」[1]

　　然而，精神壓力、心理壓力和不愉快都只是太過於神經質和過度敏感的芝麻蒜皮小事嗎？「人生並不是網路漫畫裡的小馬農場」，我們不能沉浸在這種幻象之中。「或許沒有情緒暴力點綴的人類共生根本不可能存在」，心理學家馬爾克說道。

---

[1] Hochschild, Arlie Russel: Das gekaufte Herz: Zur Kommerzialisierung der Gefühle. Frankfurt a. M., New York 1990出自2012年9月19日的法蘭克福眺望報（Frankfurter Rundschau）專訪

　　然而個人的心理痛苦無法藉由科學方法準確測量，也與他人感受到的羞辱和震驚程度無關。因為無論是生理或心理，痛苦都是主觀的。這也就是探討這個議題的基本難處：在許多案例中，情緒暴力留給當事人長期的後遺症，但在局外人眼裡，那根本微不足道，不值得一提。他們或許遺忘了或一笑置之，但對當事人而言，即使在多年後痛苦的回憶依舊歷歷在目。

　　對被害者而言，那個事件的影響極巨，但當有人輕描淡寫地看待它時，對被害者就是二次傷害：他們會先感到羞辱、受傷，那塵封已久的傷口受到鄙視和嘲笑。「**你不要這樣啦，又沒有那麼嚴重**」，常有人會這麼緩和氣氛。但局外人沒有資格這麼說。

當創傷變成了壓力症候群

　　嚴重的創傷後壓力症候群有多常見，蘇黎世大學心理學家安德烈亞斯・馬爾克帶領的團隊進行了一項具代表性的問卷調查。他們訪問了德國超過250個地方不同年齡族群將近2500位成人有關他們的創傷經驗，其中包括戰爭、強暴、童年時期的性虐待、嚴重的意外事故、暴力對待、天災、綁架或其他恐怖的經歷。根據這項調查結果，超過0.5%的德國人患有「複雜型」創傷後症候群；1.5%的德國民眾則患有「典型」創傷後

壓力症候群。[2]這兩類型的患者表示，照片、氣味和聲音會再度喚起他們的創傷記憶。而複雜型創傷後壓力症候群患者還有人格變化的現象，當事人難以與他人建立穩定的人際關係。特別是，他們對其他人存在著根深蒂固的不信任感，無法建立親密感，自我價值感嚴重下挫。

「我們發現，最複雜的創傷後壓力症候群最常出現在童年時期遭性虐待或長期遭性侵的青少年或成人身上」，安德烈亞斯‧馬爾克說道。嚴重意外事故或創傷事件的目擊者則最常出現典型創傷後壓力症候群。

這些2018年在德國所得到的研究成果，與中歐主要針對兒童性虐待等性暴力所導致的複雜型創傷後壓力症候群的調查結果有很大程度的一致性。「我們評估其他地區出現複雜型創傷後壓力症候群患者的比例可能更高，因為長期的戰爭經歷、迫害、人質危機和酷刑等更加遽了創傷後遺症的嚴重性」，馬爾克說道。

難民、非洲童兵、敘利亞、索馬利亞、阿富汗以及蘇丹南部的內戰被害者都曾出現類似歐洲受虐者的症狀，雖然歐洲以外地區的原因主要源自於壓迫、日常生活的不安定和恐懼。但有關這些地區的描述目前並無確切的證據，大多只是評估。

---

[2]　Interview in der Frankfurter Rundschau am 19. 9. 2012

　　馬爾克認為,「我們應該重新診斷複雜型創傷後壓力症候群,來與典型型態區隔,因為它們的治療策略不同」。對於又稱「心理受創」的典型PTSD,目前已經有一些成效頗佳的治療方式,可以在數星期或數月內減緩當事人的痛苦,但複雜型PTSD目前則尚未發現有效的治療方式,仍有待研究人員再加把勁。

　　心理學家馬爾克和一個國際工作小組曾於2013年建議WHO世界衛生組織,將複雜型創傷後壓力症候群納入世界衛生組織的疾病目錄。經過相關人員多年的努力,WHO終於2018年春天採納了這項建議。此舉不僅振奮學術界,全世界的醫生和治療師無不以WHO相關清單和目錄的疾病分類為依歸,這項心理疾病一旦被WHO列入其疾病分類中,其治療方式才會受到認可,並得到相應的報酬。

本 章 重 點 回 顧

1. 情緒暴力有兩個必要元素：加害者和被害者，因此有
   必要探究被害者對於加害者從惡作劇變成情緒暴力事
   件的責任比重。

2. 從惡作劇、挖苦到情緒暴力之間的分野不明顯。有很
   多因素會造成加害者的行為加劇或逐漸消失。

3. 偶而開個小玩笑或惡作劇的人不會理所當然變成情緒
   暴力施暴者，傷害他人的意圖以及與他人之間的破壞
   性關係才是觸發情緒暴力的關鍵因素。易怒者也不一
   定就是情緒暴力施暴者，通常只有在失控和心理不穩
   定的情況下，才會釀成情緒暴力。

4. 雖然全球各地的威脅和危險程度不一，但情緒暴力絕
   不只是西方社會無病呻吟的「奢侈問題」。所以經歷
   過戰爭、暴力和逃難的人也不會對冷血無情以及愚昧
   麻木不仁。

第十三章

如何抵禦情緒暴力

　　每個人對於刻薄言辭的反應不一，每一個羞辱行為也不一定能產生情緒暴力的作用。因為我們可以有很多自我防禦的方法防止心理受到傷害。但首先必須先釐清幾個問題：如何在短期內阻止情緒攻擊者的行為以及如何自我保護，避免受到情緒暴力的中期影響？

　　「在平時相安無事的時候，也應該思考情況惡化或甚至出現危機時的因應對策」，德國海德堡醫學大學的馬庫斯・席爾騰沃夫說道。「緊急情況時，應想想過去管用的方法。如果你自己無計可施，也不要羞於尋求協助。」但每個人都應該有必須改變視角的準備。「畢竟人生一直都在變化，我們必須要有適應能力」，席爾騰沃夫說道，「特別是在年紀漸長時，這點特別重要。」

　　顯然，很多人自認就是被害者，無論是在職場或一段感情之中。他們擁有別人輕易就能挑起的死穴，自己卻渾然不覺。這種「投射性認同」是一種誘導他人以其暗地害怕且極欲避免

> **專欄**
>
> ## 周而復始的被害者角色
>
> 　　四十七歲的莎賓娜轉換工作後，總是出現相同的問題。她一開始總和同事處得很好，會請同事吃蛋糕，偶爾話話家常。她總是很客氣，例如：自己的休假安排和同事的衝突時，她總是會退讓。安排小組會談時間時，其他同事爭取他們希望的時程，她則選擇別人選剩的日期。她暗地感到失望、覺得自己受到排擠、不受重視，但又不說出自己的想法。但同事也逐漸發現了她的不滿，久而久之，其他同事對於這位新同事的被動態度以及似乎習慣扮演被害者角色的作法也習以為常，或甚至感到氣憤。莎賓娜則不斷地陷入周而復始的困境之中，但又無力改變。或許大家都不是故意這麼做，但顯然地這個團隊已經形成了以下設定：「不必太在意莎賓娜，反正她對誰都不滿意。」

的方式來做出反應的行為模式，特別是在換工作或展開一段新的伴侶關係時。

　　這種情況可藉由一般診所或住院機構的團體治療或多模式治療加以改善，藝術、音樂或身體療法的非語言治療也有所助益。團體治療的其他病患常意識到當事人無意識的行為模式，他們必須在治療師的協助下逐步瞭解自己、徹底改變，這些行

為模式才能得到治療。雖然治療不一定能完全有效，但大部分都得到改善，這對臨床治療很重要。衝突往往在雙方「之間」形成，很少只有一方有責任。

愛它或改變它

「愛它，改變它或離開它（Love it, change it, or leave it.）」這句話很有道理，「比起默默承受，原則上能拒絕更好」，德國烏爾姆大學醫院哈拉爾・君德爾（Harald Gündel）說道。「否則長期下來會造成生理和心理的傷害——或許還要再加上壓迫性且大多無意識的攻擊言辭或行為。這時候最好尋求專家的意見，找出最佳的解決途徑。」

「愛它」：「我們必須區分可改變和不可改變的情況」，社會心理學家迪特・弗雷說道。「現在我真的能改變什麼嗎？我有決定權嗎？」人之所以感覺困在一段關係、家庭、公司之中，正因為似乎沒有其他可行方法可以突圍。工作或許壓力大，但失業真的會比待在這個公司好嗎？換工作就不會面臨公司複雜結構或是同事不好相處的問題嗎？單身生活真的會比和伴侶爭吵或待在家裡愜意嗎？每個人偶爾都會面臨上述這些難以回答的問題。

　　面對這些問題的猶豫和兩難，確實找不到簡單又全面適用的解決方法。若要區分「一般」的壓力和職場以及關係暴力，或許只能靠當事人的直覺判斷。原則上，如果當事人感覺超過個人對侮辱或誹謗的容忍限度，且不想再繼續忍受同事、主管或伴侶的部分行為模式，特別是這種行為經常出現時，那就是該尋求改變的時機到了。但不可諱言的是，可能會有不確定的階段。那就「請給我接受無法改變之事實的從容、改變事物的勇氣以及區分事物差異性的智慧吧！」

　　有時候接受事情的原貌就是最好的應對方法，因為人生不可能完美無瑕。試著與難纏的繼母或龜毛的老闆和平共處吧！你不一定要愛他們，但勢必要找到與他們和平共處的方法，例如：試著左耳進右耳出，不要太在意他們說的每句話。

　　「改變它」：當某種情況持續造成壓力時，「改變它」是值得嘉許的態度。「這時候應尋找能壯大自己且有正義感的盟友。當事人最好能在周遭找到看到此問題且覺得自己也有責任的盟友」，弗雷說道。「但很遺憾的是，大多數人都視而不見。因此，人們必須展現道德勇氣、拿出支持以及保護被害者的勇氣。」道德勇氣也包括孤立和揭露施暴者，不要讓他們的行為再次傷害其他人。然而，要讓情緒失控的施暴者冷靜、恢復理智，真的是一大挑戰。

　　即使情況無法立即徹底改變，重要的是不要將棘手的情況草率地視為既定情況。我們應保持積極的態度，好鬥的同事就交給主管處理，與伴侶爭吵時，尋求婚姻治療師的協助等。這種情況也應求助於盟友，透過他們的幫忙至少讓惡劣的情況降到可忍受的程度。此外，自我保護也很重要：當事人必須謹記，加害者的羞辱和諷刺言辭與內容影射加害者本身，而不是接收者。加害者並非客觀實體，而是被其自身怪癖和限制牽制的施暴者。這樣的觀點才能幫助當事人不受這些羞辱和毀謗等言語所傷害。

　　從有關道德勇氣的研究結果得知，保護被害者、揭露加害者極其重要。「我們在日常生活中需要路見不平挺身相助的小小英雄」，弗雷說道。「對於重大的惡意行為，高達百分之八十的德國人支持開放的社會，並強力譴責歧視性和排斥性行為。」但也希望這百分之八十的人無論是在私人生活或職場上也能支持種族融合、展現更多讚許、認同和尊重──算為無處不在的粗魯行為和惡作劇增加小小的平衡。

　　「心胸狹隘者，眼界小，唯有心胸開闊，才能創造偉大」，弗雷說道。「原則上，我們看待他人的看法和態度最重要。如果我們支持維護個人尊嚴，就能看到一個人的正面，並給予他尊重、欣賞和寬容，情緒暴力便無容身之地。」

「**離開它**」：這是許多失望的夫妻和員工夢寐以求的解脫之道。直接了當結束夫妻或工作關係。讓老闆知道，我無法再容忍你對待我的方式。但這種機會並非人人有，而且總是說比做容易：許多女性選擇留在自戀的男人身邊，因為孤獨更難以忍受或是害怕分手的負面後果。但重要的是不要接受破壞性行為，並保護自己。亦即在尚未結束關係之前，離開衝突現場。例：如果他不時在親友面前羞辱、嘲笑妳，下一次再發生類似情況時，妳可以直接站起身、親切地與其他人道別，然後離開。這並不表示分手，但卻能釋出明確的訊號，妳不想再忍受他這麼無恥的行為。

識別情緒暴力施暴者：讓殺傷力無疾而終

情緒暴力的施暴者有各種不同的人格類型，包括自戀者、有神經質傾向者以及易怒者。德文的易怒者（Choleriker）源自於古希臘文的「膽汁」，因為急躁易怒是分泌膽汁且肝火大的表現。當事人情緒暴躁、咒罵、怒吼、幾近歇斯底里，將脾氣發洩在他人身上。

但易怒者也有不同的類型，有些人的易怒情緒變成一種長期狀態，有些人則偶爾會被興奮或快樂所取代。正負面情緒可能瞬間交替，天氣變化是最常見的導火線：錯誤的手勢足以讓易怒者暴跳如雷，破口大罵傷害他人。對周遭人而言，他就像

專欄

情緒暴力施暴者的徵象

- 常因瑣事發脾氣
- 無法控制自己易怒的脾氣
- 認為自己的行為是正常的，因為這是他一直以來的模式
- 強勢主導、過度衝動且有強烈的階級思維
- 有時充滿活力、積極主動、求勝心強
- 不可預測，常因小事而暴跳如雷，例如：收音機太大聲 或別人說錯話
- 情緒暴力施暴者總認為自己受到攻擊，混淆事件的始末
- 他認為自己身處戰爭之中
- 在外人眼裡，他的行為無法理解、誇張至極、不公正、 令人恐懼

是顆不定時炸彈，特別是如果這個易怒者是主管、老師、教授、父母或是伴侶。

　易怒者習慣用言語羞辱對方，因此和他們相處時特別有壓力：一開始或許還有些期待他會改變，但不久之後也放棄了，有時甚至還會接收到對方鄙視的眼神。說起來很簡單，但至少在易怒者未意識到自己的問題，未嘗試尋求協助前，離開通常是唯一的方法。

　　無論在私人或職場環境，與情緒暴力傾向者相處對每一種關係都是壓力，對所有相關者而言都是負擔。值得探究的是，加害者通常對自己的行為不自知。所以在他們無自知之明前，最好遠離他們：羞辱他人是不被允許的。

不要忍受一切，無須勉強

　　情緒暴力施暴者擁有百變面貌，他們在家可能是善解人意的丈夫，在公司卻可能是個暴君──或反之。但他們大多不尊重、也不疼惜伴侶或同事。在極端情況下，情緒暴力的被害者必須發出明確的停止訊號，例如：如果這類事件反覆發生，就要表達明確的辭職或是分手意願。謹記：你只能用你也做得到的事情去威脅對方。否則如果你只是威脅，但履履裹足不前，以後就會陷入不利的談判地位，威脅也起不了任何作用。

　　對於失控發火、咆哮、咒罵、亂摔東西，偶爾還會使用肢體暴力的同事，該如何具體因應？這種情緒爆發的背後隱藏著當事人無法自我控制的無能為力。最有效的即時反應就是讓當事人瞭解我們能夠理解他。「你冷靜一點」是起不了作用的，甚至還可能被對方視為更大的挑釁。比較理想的作法是：「我知道，這個情況讓人很有壓力」，或：「我可以想像你為什麼這麼激動。」這種表達並不是認可對方的行為，而是讓當事人知道，我們能客觀看待這件事。

專欄

如何處理情緒暴力

- 避免或減少接觸有情緒暴力傾向者：但這不是一件簡單的事。

- 保持鎮靜：重要的是避免衝突，否則可能會一發不可收拾。保持鎮靜能讓你在棘手的情況下冷靜下來，風暴很快就會過去。讓失控的獅子繼續嘶吼、同時向對方發送和平的訊號、在情況緊急時切忌繼續挑釁。不與對方正面對決，才能明確表達你不想再容忍他的無理行為。

- 情緒化的批判言辭影射更多是批判方，而非被評斷的那一方。這表示會羞辱和傷害他人的人，根本不瞭解自己。所以千萬別自己對號入座，成為加害者怒吼下的接收者。

- 我們應該找到觸發情緒暴力施暴者的因素，然後加以避免。在私人生活中，雙方可以協議出一些符號或徵象，讓自己知道已經到了臨界點。

- 保持主動，不要低估了加害者犯意企圖。雖然在加害者情緒高漲時，我們可以先採取退讓，但千萬不能容忍攻擊。等到所有人情緒緩和，心平氣和時，大家坐下來好好談談。

　　在這個時候，周遭人也要保持冷靜：「馬上就會好了，現在做什麼都無濟於事，這不是我的錯」，你可以這麼告訴自己，藉此轉換自己在這事件中的角色。重要的是，受波及者一方面應展現自信，不能將自己定義為毫無抵抗能力的被害者；但另一方面也要先退讓一步，等待風暴平息。你可以告訴當事人，「我們可以談一談，但不是現在」，用以開啟與對方在心平氣和的情況下真誠對談的契機，然後取得結論，必要時可邀請盟友加入。

　　用這種方式從風暴中脫身，絕不是膽小鬼。不回應當事人的侮辱和咆哮，更能凸顯人的高度。當易怒者或其他情緒暴力施暴者發飆時，友善且客觀的對談可能會讓他們感到羞愧，因為他們根本不曾期待會得到任何親切的反應。這時候就能明確地告訴當事人，這種行為不可取。我們不歡迎厚顏無恥的行為，但我們接受開誠布公地處理衝突。

　　人與人之間最理想的相處模式是什麼？開放、真誠、禮貌、體貼和公平，應該就是大多數人的答案。但和情緒暴力施暴者相處，這是不可能達成的。因為他們會隨口說出羞辱他人的言辭、一點小事就會暴跳如雷、情緒失控，甚至人身攻擊。在他們身邊的人很容易受到他們的情緒影響，因而生氣、心情不好、心理受傷。

　　問題是，情緒暴力施暴者必須先感受到自己身受其害，才會主動尋求治療協助。也就是說，他們必須先有想要控制怒氣

的意願，才能與他人發展出正常的相處方式。這就是所謂包含
警覺性與接受兩大策略的行為治療法。讓情緒暴力施暴者意識
到他們的怒氣，但這也代表去接受他們也是人，但拒絕他們表
現出不合宜且令人受傷的行為模式。情緒暴力施暴者必須學習
自制，周遭人則應學習冷靜和接受。

注意自己的感受

　　當我們內心受傷、受到侮辱時，最好仔細區分我們的情
緒。然而知難行易，大多數人不知如何區分為什麼會心情不
好。他們不知道自己之所以心情不好大部分都是因為別人的某
句話或某行為所致，他們常常忽視自己和自己的感受。

　　注意自己的感受，例如：暫停片刻，釋放出隱藏在最深處
的那個自我。能夠這麼做，就有機會成功展現自我同理心，雖
然無法排解痛苦，但卻能保護自己抵擋外界無由來的責備，這
也是一種反抗情緒暴力的方法。[1]

　　相反地，被負面情緒打倒、在問題中打滾的人，會不斷強

[1] Maercker A, Hecker T, Augsburger M, Kliem S: ICD-11 Prevalence Rates of Posttraumatic Stress Disorder and Complex Posttraumatic Stress Disorder in a German Nationwide Sample. Journal of Nervous and Mental Disease. 2018 (Januar) online

調自己的痛苦，同時貶低自己。[2]彷彿情緒暴力加害者的傷害還不夠似的！有些被害者甚至一蹶不振，將正面態度拒之千里。他們過度專注於自己的缺點、放大自己的缺陷和錯誤。挫折和停滯便會隨著負面情緒和憂鬱而來。

　　然而，想要取得更多自我同理心，最重要的並非自我批判，而是自我認同和善待自己。不少研究結果顯示：能自我同理者很少感到恐懼或憂鬱。[3]各種研究結果顯示，自我同理心不僅能提升個人的心理抵抗能力，對各種器官系統和一個人的整體感受都有正面的影響力。研究的受試者學會對自己同理時，其皮質醇分泌立即下降，心臟跳動的頻率增加。[4]這表示心臟脈動會同步隨著心理和生理變化調整，並產生活力。心臟脈動變快時，代表人體對情緒的特定反應。心臟若以狹隘的脈衝波動來反應不同的壓力，表示心臟功能可能受限。[5]

---

[2] Neff K: Selbstmitgefühl. Wie wir uns mit unseren Schwächen versöhnen und uns selbst der beste Freund werden. München 2012

[3] Bishop SR, Lau M, Shapiro SL, Carlson L, Anderson ND, Carmody J, Segal ZV, Abbey S, Speca M, Velting D, Devins G: Mindfulness: A Proposed Operational Definition. Clinical Psychology: Science and Practice 2004; 11: 230

[4] MacBeth A, Gumley A: Exploring compassion: a meta-analysis of the Association between self-compassion and psychopathology. Clinical Psychology Review 2012; 32: 545

[5] Rockcliff H, Gilbert P, McEwan K, Lightman S, Glover D: A pilot exploration of heart rate variability and salivary cortisol responses to compassion-focused imagery. Clinical Neuropsychiatry 2008; 5: 132

　　當又稱「壓力荷爾蒙」的皮質醇分泌較少時，當事人對他人的羞辱和責罵壓力反應也會降低。雖然面對情緒壓力時，當事人會心跳加快、血壓上升、呼吸急促，但壓力反而很快就會平息，因此靜脈、神經和器官系統僅短暫受到負面影響，也不會那麼快形成對身體有害的慢性發炎現象。同樣地，沮喪情緒和恐懼不會出現，壓力反應也會變得緩和。[6]

　　自我同理心的基礎來自於接受原來的自己，包括自己的缺點和錯誤。愛自己和尊重自己，我們不必比別人優秀，當然也不容他人貶低自己。

　　當我們學會善待自己，把自己當作最好的朋友來對待時，自然就會產生自我同理心。也就是說對自己友善、尊重和理解，必要時當然也要原諒自己。這時你才會發現自己多麼純粹的美好，不是因為完成了什麼豐功偉業，而是因為你就是你。

同理心取代情緒暴力

　　神經質的人僅以一維的方式來理解自己和世界，他們只想到自己，對別人毫無興趣，也不在乎別人對他們的想法。不在他們的小宇宙範圍內發生的一切人事物，他們一概不予理會。他們習慣於向外發洩情緒，諷刺和傷害到周遭的人，但有時候

---

[6] Porges SW: The polyvagal perspective. Biological Psychology 2007; 74: 116

卻渾然不覺。但卻對別人的情緒發洩很敏感。更令心理學家感到訝異的是，當他們想要得到協助時，他們也能表現同理心。[7]

英國科學家實驗發現，受試的自願者雖然擁有健康的心理，甚至有些人還不乏成功人士，但他們擁有明顯的自戀特性。在這項實驗中，自戀者被告知一段感情的結束，但無論這段男女關係的決裂過程有多麼激烈，受試者本身完全感受不到同理心。即使有人告訴他們被遺棄的一方陷入憂鬱或因分手而痛苦不堪，情況也沒有改變。

另一項實驗是讓受試女性觀看一位女性被其伴侶毆打和咒罵的影片。參與者被要求想像自己就是那位受虐女子，進而產生同理心。沒被要求站在受虐者角度設身處地去想像的自戀者則繼續冷漠地看著影片中女子被羞辱的畫面。

實驗的內容也包括觀察受試者的生理反應，自戀者看到別人痛苦時，心臟脈動仍維持一樣的頻率。但能站在受虐者的角度設身處地去感受的受試者，則心臟加速，呼吸也變得急促。

「如果我們鼓勵自戀者從他人的角度來看待情況，他們對他人的痛苦通常會表現出適當、甚至是同情的反應」，該項實

[7] Kuyken W, Watkins E, Holden E, White K, Taylor RS, Byford S, Evans A, Radford S, Teasdale JD, Dalgleish T: How does mindfulness-based cognitive therapy work? Behavior Research and Therapy 2010; 48: 1105

Neff KD, Germer CK: A pilot study and randomized controlled trial of the mindful self-compassion program. Journal of Clinical Psychology 2013; 69: 28

驗負責人艾瑞卡・和帕（Erica Hepper）說道。「這不僅對他們周遭人有好處，長期來看，也對他們的整體健康和人際關係有所助益。」教導精神病患者擁有同理心，對社會也有優點。雖然自戀者對自己信心十足，但他們卻常惹惱周圍的人、羞辱和傷害到他人而不自知，更嚴重的情況甚至可能導致暴力事件。

實驗結果證明，自戀者具有同理能力，但不是隨時都願意發揮。「同理能力不是靜態的」，彼得・亨寧森說道，「同情也是當事人願意與否以及動機的問題」。但它們是可以被喚醒的，雖然第一眼給人的印象並非如此。

透過羞辱折磨來強化心智？

不時承受程度不一的羞辱言辭或許能強化我們的心理抵抗能力嗎？或是羞辱的破壞性遠大於我們的想像呢？「羞辱本身是負面的！它具有毀滅性，令人受傷」，德國烏爾姆大學醫院身心科主任哈拉爾・君德爾說道。「但如果你期待人生一切順遂，那也太天真了，衝突和攻擊性是人類的一部份。因此重要的是學習如何有建設性地與它們相處，避免未來再度發生。」一個人如果擁有處理衝突的經驗，就能擁有堅強的人格特性擺脫困境。基本上，與其希冀於完全沒有壓力的生活，不如擁有成功克服壓力的經驗，因為那會讓我們具備對未來生活的堅韌抵抗力。

　　「能讓我們累積生活經驗並融入我們人格特質的一切都是個人持續發展的養分」，馬庫斯・席爾騰沃夫說道。「疾病和羞辱不僅是危機，也是機會。但人在例外情況下能有多大程度的發展，也會因人而異。」依賴性強、沒有自信的人在危機中很快就會被壓力淹沒。而無法取得外援的人，可能會先自立自強，但在後續的過程中無法改變視角，找到一個適應該情況的角度。

　　「如果這種疫苗理論成立的話，那就太好了」，迪特・弗雷說道。「我先種點對抗小惡作劇的疫苗，以後就會對惡意的羞辱免疫了。然而研究結果證明，這些惡意的惡作劇可能傷害一個人的自尊、個人和社會認同，但無法讓每個人更堅強地浴火重生。」此外，我們必須明白，長期受到羞辱言辭攻擊的人，例如：身材矮小者、有色人種或肥胖者，他們或許已經習慣某些特定的刻薄言辭，也學會了不要放在心上。但沒有人喜歡聽這些酸言酸語。

用止痛藥對抗煩惱？

　　另一半曾外遇多年，期間也不乏紅粉知己，最近好像有又開始不對勁了，先來顆普拿疼再說，或許沒有那麼嚴重。辦公室的同事又開始下一波的霸凌攻擊，惡意謠言四起，辦公室烏煙瘴氣，真的很煩，先吞幾顆阿斯匹靈再說吧！

這肯定與精神病治療無關，而是將止痛藥當作治療生理和精神痛苦的治療方式。用普拿疼、阿斯匹靈之類的止痛藥來治療失戀、孤單和老闆的刁難？聽起來有點不習慣，但越來越多的研究結果顯示，用以減輕身體疼痛的常見止痛藥也有助於減緩精神壓力。美國加州大學聖塔芭芭拉（Santa Barbara）分校的心理學家和大腦研究人員說明常見的止痛藥對思想和情緒的影響以及可能會對使用非處方止痛藥的影響。

社會心理學家凱爾·拉特納（Kyle Ratner）帶領的科學家團隊收集了許多相關證據，雖然尚有一些問題未解，因為這種研究還很新。但這類實驗「很有可能影響數百萬人對他們常用止痛藥的習慣」，作者們說道。如果止痛藥確實能大幅影響情緒處理和其他認知程序，政府和醫學協會可能必須限制這些藥物的取得方式。

歷史回顧：2003 年，大腦研究人員第一次發現生理和心理疼痛的處理位置在大腦的同一處。[8]「社交和生理疼痛的位置重疊」，加州大學洛杉磯分校的奈歐米·愛森伯格（Naomi Eisenberger）說道。「受到排擠和孤單的人對疼痛感特別敏感。」自此以來，業界也陸續發表有關情緒狀態如何調節身體疼痛刺激感知的認知。

---

[8] Hepper EG, Hart CM, Sedikides C: Moving Narcissus: Can Narcissists Be Empathic? Personality and Social Psychology Bulletin 2014; 40: 1079

　　例如：被最好的朋友背叛的痛苦被形容為有如「背後被捅一刀」，顯然地並非言語上的巧合，而是應證大腦中負責生理神經痛感和精神折磨的區域有多靠近，拉特納說道。此外，邊緣系統緊鄰的神經還會造成身體和情緒的交互作用，而且是雙向的。

　　最早期於2010年所做的研究中，受試者定期服用一種稱之為撲熱息痛（Paracetamol）的止痛藥，然後再讓他們在日常生活中面對一些挫折和羞辱。[9]從後續的分析發現，藥物的作用會反過來影響主導情緒壓力的島葉、杏仁核以及邊緣系統周圍的其他大腦區域。撲熱息痛和布洛芬（Ibuprofen）等止痛藥最能抑制大腦這些區域的神經活動。

　　止痛藥不僅能抑制社交挫敗時的負面自我認知和哀傷，對他人的情緒反應也明顯降低。因此服用止痛藥會造成，當其他受試者深受身體疼痛所苦或被團體排擠時，受試者比較沒有感同身受的同情心。「服用止痛藥時，當事人對他人痛苦的反應比較不敏感，比較會有事不關己的感覺」。凱爾・拉特納說道。「這似乎是止痛藥的作用使然，否則他們的情緒不會如此改變。」

---

[9] Eisenberger NI, Lieberman MD, Williams KD: Does rejection hurt? An FMRI study of social exclusion. Science 2003; 302: 290

Eisenberger NI, Lieberman MD: Why rejection hurts: A common neural alarm system for physical and social pain. Trends in Cognitive Sciences, 2004; 8: 294

　　坊間常見非處方止痛藥被認為是無害的，雖然早期不時有報告指出，這類藥物會對心臟、肝和胃造成嚴重副作用。幾乎家戶必備的醫藥箱、診所和醫院都會準備的止痛藥，是民眾最熟悉的藥物之一。但如果持續吞下數百萬顆，難保會產生影響深遠的後果。畢竟身體和心理疼痛都可能是重要的警訊。疼痛表示人體的器官功能或社交關係已經受到威脅。如果用藥物抑制這些警訊，當事人就會失去相應的警覺。

　　甚至進而可能削弱人類自我主張的動力。一項研究顯示，人類在止痛藥的影響之下比較不在乎自己的有限性，也較不關心社交或未來規劃，他們逐漸對任何事物都無所謂。或許是因為止痛藥麻醉他們的情緒，導致慢性背部疼痛、風濕痛或頭痛的治療留下了麻木不仁的後遺症？

　　作者們強調，這種挑釁性結論太誇大其詞，畢竟這個研究領域還很新。「但這些林林總總的證據具有警示性」，凱爾・拉特納說道。「服用止痛藥的人原本只想擺脫身體疼痛，並沒想到止痛藥會對心理產生這麼廣泛的作用。」

　　因此，政府和醫療協會應評估未來是否先嚴加管控孕婦和兒童服用這類藥物，「在兒童早期大腦發展期間，若不斷抑制其情緒處理，會產生哪些長期後果呢？」美國加州大學聖塔芭芭拉分校的心理學家提出這個問題。或者如初步研究所見，止痛藥甚至可能加劇注意力不足過動症（ADHD）的形成，因為它們也會介入脈衝控制？

　　最新的認知中當然也有正向作用。和另一半爭吵後或被老闆狠刮一頓後吞顆止痛藥——世界變得更美好了。「診所和醫院到處可見這些藥物，止痛藥已經成為全世界所有年齡群、各種階級的現代人之必備良藥」，拉特納說道。「我們應該更瞭解止痛藥，才能更明白它們的危險以及它們對社會生活的益處。」

鼻噴劑對抗創傷後壓力症候群？

　　歷經恐怖經驗的人，經常久久無法擺脫那可怕的記憶，恐怖的畫面不時在腦海中揮之不去，就連身體也記得：多年後可能留下不安、恐懼、情緒性耳聾和迴避行為的現象，進而形成創傷後壓力症候群。

　　德國慕尼黑大學醫學院和馬克斯普朗普（Max-Planck）精神病學研究所的醫生和心理學家研究發現，催產素（Oxytocin）可減緩這類病患的症狀，可加入輔助治療之中。[10]由創傷研究專家馬丁·沙克（Martin Sack）負責的研究團隊讓平均年齡在四十歲左右的受創婦女使用催產素鼻噴劑或安慰劑。經過兩週

---

[10] Dewall CN, Macdonald G, Webster GD, Masten CL, Baumeister RF, Powell C, Combs D, Schurtz DR, Stillman TF, Tice DM, Eisenberger NI: Acetaminophen reduces social pain: behavioral and neural evidence. Psychological Science 2010; 21: 931

治療後，典型的創傷後壓力症候群明顯減緩，特別是恐懼和迴避行為不再那麼強烈。

　　研究人員還收集了各種心臟活動參數，其顯示心跳活力提升，且其他的功能也有進步。這些變化說明了身體自身的壓力調節效率提升，且心臟刺激的自主控制不再那麼強烈。

　　「我們是最早發現催產素可減緩女性創傷後壓力症候群強度的團隊」，創傷專家馬丁・沙克說道。「這可能會成為輔助心理治療的新治療選項。」截至目前為止，催產素主要有助於生產、母嬰連結及哺乳。許多實驗證實，催產素鼻噴劑也能增強忠誠度、提高對他人的信任，例如：刺激人類借錢給陌生人的信任感或以其他方式信任他們。

　　「這些都是到目前為止有關催產素令人興奮的認知，但如果催產素真能減緩創傷壓力後症候群的強度，那就太不可思議了，也令人為之雀躍」，彼得・亨寧森說道。「但催產素不是用來取代心理治療，而是作為輔助治療的新選項。」一噴恐懼消，用想的就令人興奮不已。

　　目前的創傷後壓力症候群治療療程長，且相當困難。因為必須嘗試納洛酮等各種藥物和不同抗憂鬱藥組合的效果，但目前並無穩定有效的標準藥物治療方法。病患在創傷後壓力症候群心理治療團體中感到安全感，這種治療有明顯效果，但療程可能長達數年。特殊的創傷後壓力治療法如：EMDR的效果也不錯。EMDR是英文「Eye movement desensitization and reprocessing」的縮寫，亦即：眼動心身重建法。該療法藉由舒緩運動模式降低面對創傷期間的壓力程度。

壓力指數下降

這位病患看起來很正常，她來到診所掛號。櫃臺助理看到新面孔，正打算親切地向她打招呼。但突然間，病患抽出一把刀，刺向助理。助理在醫院經過急救後，恢復意識。[11]〔此事件詳述於作者著作「身體的快樂—好心情如何讓人保持健康」（Körperglück-Wie gute Gefühle gesund machen）（慕尼黑，2010年）〕身體外傷很快就痊癒了，但內心的創新很深。她還能再度回到職場正常工作嗎？看到新病患，她會疑神疑鬼嗎？她不想就此放棄工作，因此決定尋求醫療協助。

助理向慕尼黑創傷治療專家馬丁·沙克陳述這段經歷時，沙克把手舉到她面前，食指在她面前來回移動。助理眼神專注在醫生的食指上，同時鉅細靡遺地陳述事情的經過，但表情顯然有些不安，感覺得出她很緊張。被刀刺傷的回憶觸發了她內在的不安，她試圖控制自己的情緒。第二次見面時，她顯然放

[11] Sack M, Spieler D, Wizelman L, Epple G, Stich J, Zaba M, Schmidt U: Intranasal oxytocin reduces provoked symptoms in female PTSD patients despite exerting sympathomimetic and positive chronotropic effects in a randomized controlled trial. BMC Medicine 2017; 15: 40

鬆許多，可以平靜地進行陳述。一直到會談快要結束時，她忍不住哭了，因為被攻擊的回憶深深刺痛她的內心深處。

　　第三次會談時，她想到有關那事件的其他細節，那是她一開始忽略的部分。她自己也嚇了一跳，因為她突然間記起來，「當她拿刀刺我的時候，我突然感覺背部一陣濕熱。很奇怪，一開始不覺得痛，只是覺得怪怪的。」三次會談後，她已經可以回去工作了。

　　馬丁‧沙克全程錄下這位病患的治療過程，他採用的就是看似簡單的「眼動心身重建法」。[12]這種人身暴力攻擊等恐怖事件會在被害者身上留下嚴重的後遺症，當事人對事件的記憶會在情緒大腦中與恐懼和恐慌連結。因此，當恐怖記憶再度被喚醒時，當事人的身體會以壓力來反應。身體的警報反應會像當初實際面臨攻擊時那樣達到最高峰。

　　EMDR有助於降低壓力指數，原因可能在於當被害者同時也在陳述事件過程時，規律的眼部運動會傳送安撫訊號給大腦。恐怖記憶和內心不安相互加乘的作用因此得以緩和，於是大腦中已形成的記憶重新以較為溫和的方式連結。[13]「我們必須找到進入創傷經驗的入口」，馬丁‧沙克說道，「然後直接從

---

[12] Von dieser beeindruckenden Fallgeschichte habe ich ausführlicher in meinem Buch «Körperglück-Wie gute Gefühle gesund machen» (München 2010) berichtet

[13] Servan-Schreiber D: Die neue Medizin der Emotionen. Stress, Angst, Depression: Gesund werden ohne Medikamente. München 2004

情緒壓力最嚴重的地方下手。」

　　EMDR作為創傷治療始於弗朗辛‧夏皮羅（Francine Shapiro）。有一次，這位加州的治療師和一位朋友在公園散步，這位朋友向她陳述剛經歷的痛苦分手經驗。朋友視線邊緣正好看著風中搖曳的樹枝，治療師發現，在散步過程中朋友的心情逐漸平靜。這讓她突發奇想，將這種視覺運動運用在病患的治療上。

　　雖然這項療法並非所有醫生都瞭解，且部分備受爭議。但該療法對於創傷病患卻有出乎意料的驚人成果。[14]嚴重型創傷後壓力症候群的病患藉由EMDR療法只需三次九十分鐘的會談，一年後症狀就有明顯改善。

　　所謂的Tapping敲擊療法對恐懼和恐慌也有類似的正面效果。這種療法也能治療兒童，例如：非常怕狗的孩子。數次會談後，這名孩童在路上遇到狗時的反應不再那麼緊張。孩童在陳述與狗的恐怖經驗時，治療師用雙手以交替的節奏輕拍男孩的大腿。雖然此時他正憶起那隻討厭的狗向他飛奔而來，但他的壓力指數已經明顯下降。

---

[14] Stickgold R: EMDR: A putative neurobiological mechanism. Journal of Clinical Psychology 2002; 58: 61 Stickgold R, Hobson JA: Sleep, learning and dreams: Offline memory reprocessing. Science 2001; 294: 1052

　　不久後，男孩對狗不再那麼恐懼了，他雖然依舊不是愛狗人士，但偶而還是會撫摸乖巧的狗兒，也能輕鬆地和經常在他上學那條路上溜狗的狗主人打招呼了。一、兩年前，他還得繞路回家呢。

　　Tapping敲擊療法和EMDR皆有助於舒緩恐怖事件後可能出現的恐慌情緒。或許情緒暴力的被害者也能藉由這兩項療法，協助他們當憶起他人的冷嘲熱諷和羞辱時，不再伴隨著嚴重壓力和內在緊張。

本章重點回顧

1. 我們不能隱忍別人對我們的羞辱攻擊，我們可以向情緒暴力說「不」。對於易怒者和精神病患者的侮辱言辭，無須放在心上，也不必對號入座。更多自我同理和愛自己的人最能抵擋這些攻擊。

2. 不要讓自己成為被害者，因為惡作劇和言辭挖苦變成情緒暴力，雙方都有責任。大多數人都有不讓攻擊事件靠近自己、造成毀滅性後果以及留下難以抹滅傷痕的自主權。

3. 利用長期對心理的小攻擊來「鍛鍊」心智，並不是值得一試的作法，反而可能造成長期的紛擾。而且可能形成習慣效應，不時被惹怒或甚至被羞辱的人，不一定能夠抵抗情緒暴力的傷害。

4. 心理和生理的痛苦是重疊的，因此止痛藥對心理傷害也有效。溫暖和同理心會在人體內透過激素傳達。許多研究方法可以促進情緒認同來取代暴力。

5. 因情緒暴力或其他恐怖經驗形成創傷後壓力症候群時，治療協助不可或缺。目前有不同的方法可舒緩與創傷相連的壓力反應。

第十四章

結語

最新研究證實以「善意的偏見」對待所有人的重要性，特別是兒童。冷嘲熱諷、貶低和羞辱都不是好事，情緒暴力更是具破壞性。精神虐待和操縱他人情感的企圖有時會帶給人微妙的壓力，有時則是窒息般的威脅。它們會加劇生活的不順遂、引發罪惡感和良心不安。

言辭羞辱可能讓人產生壓力，進而造成長期的傷害，但其實大多數當事人握有反抗的自主權。所有人都有權向他人的情緒暴力說「不」的權力，且可以使用的技術和策略還不少。而各種自身資源、堅強、穩健的支持環境以及強化心智的體驗和經驗也能強化當事人的抵抗能力。

但被排擠、被羞辱和被忽視不僅影響到個人發展，被拒絕的痛苦有時還會將更大的憤怒轉移到他人身上，甚至轉而攻擊陌生人。當社會上有相當比例的民眾感覺受到羞辱、被漠視以及被拒絕時，甚至可能產生嚴重的政治後果，就像最近許多國家的選舉、越來越多的極端主義派流和政黨形成便是。

　　個人痛苦、民眾之間的毀謗歧視以及政治氛圍之間的關連性，一直以來都是被忽略的研究範疇。這種關連性反映較大族群對陌生人和持不同意見者的行為態度，導致激進政黨的形成或世界各地種族主義領導人獲得支持以及新的危機不斷湧出的現象。而傳播憎恨和排擠的第一個細菌早在人際關係之中散播，或甚至早在兒童時期就已經埋下。

　　「沒有人可以忍受長期惡意攻訐」，依附關係專家卡爾—海茲・布里希（Karl Heinz Brisch）說道，「那會讓人心理受傷或是憤怒。」早期建立依附和可靠關係的理論在德國和許多其他西方國家尚未被認同為重要的人際關係基礎，因此未受到廣泛的重視，這是布里希出席紐西蘭當地毛利人治療師也參與的相關研討會時分享的感想。

　　在該研討會一開始，毛利人請所有與會人士舉出社會給孩子們的三樣重要資產。與會的所以依附關係專家討論了數小時，但最後仍意見紛歧。但毛利人只花了半分鐘就達成了共識：Caring、Sharing、Loving——關心、分享、愛。

鳴謝

為了這本書，我不時有機會可以和醫生、心理學家和其他專家針對「情緒暴力」這個議題交換意見。他們有些人針對「情緒暴力現象的意義和傳播、被害者的自我責任比重有多高以及情緒暴力是否屬於『人際關係的必要之惡』等問題進行了深入的探討，部分議題還出現南轅北轍的不同意見。

他們不時給我寶貴的意見和參考文獻的建議，由衷地感謝他們的支持、耐性和協助。我在本書中採用了一些他們的評估，並盡量忠實呈現講者的視角。但儘管百密深恐仍有一疏，倘若陳述中有任何誤解、錯誤評估和失真，我將承擔所有責任，與被我引述的講者無關。在此鄭重感謝：

◆ 克里斯托弗・巴塞奇（Christopher Baethge），醫學教授博士，精神病學家和德國醫學雜誌醫學科學編輯主任

◆ 哈特維格・鮑爾，教授博士，阿爾特廷（Altötting）前外科主任，擔任德國外科學會秘書長多年

◆科尼利厄斯・博克，教授博士，德國呂北克大學醫學倫理與科學史研究所所長

◆依附關係專家卡爾—海茲・布里希，教授博士，德國慕尼黑大學豪納博士（Dr. von Haunerschen）兒童醫院兒童心理學和心理治療系主任、薩爾茲堡帕拉塞爾蘇斯私立醫學大學（Paracelsus Medizinischen Privatuniversität Salzburg）教授

◆烏爾里希・布羅克林，教授博士，德國弗萊堡大學社會學教授

◆迪特・弗雷，教授博士，德國慕尼黑大學社會心理學教授

◆哈拉爾・君德爾，教授博士，德國烏爾姆大學醫院身心醫學與心理治療系主任

◆馬丁・黑爾特，教授博士，德國漢堡大學醫院心理社會醫學中心醫學心理學研究所和綜合診所所長

◆弗洛里安・海納（Florian Heinen），教授博士，德國慕尼黑大學豪納博士兒童醫院神經學和兒童發展系主任

◆彼得・亨寧森，教授博士，德國慕尼黑工業大學心身醫學和心理治療系主任

◆沃爾夫岡・西莫爾，教授博士，德國哥廷根大學醫院基礎醫學系教授

◆ 維雷娜‧卡斯特（Verena Kast），教授博士，瑞士蘇黎世大學心理學教授和該大學榮格研究所（C. G. Jung-Institut）所長

◆ 安德烈亞斯‧馬爾克，教授博士，瑞士蘇黎世大學精神病理學和臨床干預、心理研究所教授

◆ 依凡‧耐斯托里歐（Yvonne Nestoriuc），德國漢堡大學心身醫學和心理治療研究所和綜合診所資深心理學家

◆ 溫弗里德‧里夫（Winfried Rief），教授博士，德國馬爾堡（Marburg）大學臨床心理學和心理治療學教授

◆ 尤讓‧羅內爾，博士，瑞士巴麥爾懷德（Barmelweid）醫院身心科主任醫生

◆ 馬丁‧沙克，教授博士，德國慕尼黑大學心身醫學和心理治療的診所和綜合醫院

◆ 馬庫斯‧席爾騰沃夫，教授博士，德國海德堡大學醫院傳統矯形外科主任

◆ 史蒂芬‧茲費爾（Stephan Zipfel），教授博士，德國杜賓根（Tübingen）大學醫院心身醫學與心理治療系主任

BO0300

情緒暴力

原　書　名／EMOTIONALE GEWALT
作　　　者／威爾納‧巴滕斯（Werner Bartens）
譯　　　者／黃慧珍、張淑惠
責 任 編 輯／劉芸
企 劃 選 書／黃鈺雯
版　　　權／黃淑敏、翁靜如、林心紅
行 銷 業 務／莊英傑、周佑潔、王　瑜、黃崇華

總　編　輯／陳美靜
總　經　理／彭之琬
事業群總經理／黃淑貞
發　行　人／何飛鵬
法 律 顧 問／台英國際商務法律事務所　羅明通律師
出　　　版／商周出版
　　　　　　臺北市104民生東路二段141號9樓
　　　　　　電話：(02) 2500-7008　傳真：(02) 2500-7759
　　　　　　E-mail: bwp.service@cite.com.tw
發　　　行／英屬蓋曼群島商家庭傳媒股份有限公司　城邦分公司
　　　　　　臺北市104民生東路二段141號2樓
　　　　　　讀者服務專線：0800-020-299　24小時傳真服務：(02) 2517-0999
　　　　　　讀者服務信箱E-mail: cs@cite.com.tw
　　　　　　劃撥帳號：19833503　戶名：英屬蓋曼群島商家庭傳媒股份有限公司城邦分公司
訂 購 服 務／書虫股份有限公司客服專線：(02) 2500-7718；2500-7719
　　　　　　服務時間：週一至週五上午09:30-12:00；下午13:30-17:00
　　　　　　24小時傳真專線：(02) 2500-1990；2500-1991
　　　　　　劃撥帳號：19863813　戶名：書虫股份有限公司
　　　　　　E-mail: service@readingclub.com.tw
香 港 發 行 所／城邦（香港）出版集團有限公司
　　　　　　香港灣仔駱克道193號東超商業中心1樓
　　　　　　電話：(852) 2508-6231　傳真：(852) 2578-9337
馬 新 發 行 所／城邦（馬新）出版集團
　　　　　　Cite (M) Sdn. Bhd.
　　　　　　41-3, Jalan Radin Anum, Bandar Baru Sri Petaling, 57000 Kuala Lumpur, Malaysia.
　　　　　　電話：(603) 9056-3833　傳真：(603) 9057-6622　讀者服務信箱：services@cite.my

封 面 設 計／申朗創意
印　　　刷／韋懋實業有限公司
經　銷　商／聯合發行股份有限公司　電話：(02) 2917-8022　傳真：(02) 2911-0053
　　　　　　地址：新北市新店區寶橋路235巷6弄6號2樓

■ 2019年（民108）7月4日　初版1刷

Printed in Taiwan

Author: Werner Bartens
Title: EMOTIONALE GEWALT
Copyright © 2018 by Rowohlt · Berlin Verlag GmbH, Berlin, Germany
Complex Chinese translation copyright © 2019 by Business Weekly Publications, a division of Cité Publishing Ltd.
Published by arrangement with Rowohlt Verlag GmbH, through Bardon-Chinese Media Agency.
All Rights Reserved.

定價360元
ISBN 978-986-477-684-9

城邦讀書花園
www.cite.com.tw

國家圖書館出版品預行編目（CIP）資料

情緒暴力／威爾納‧巴滕斯（Werner Bartens）
著；黃慧珍、張淑惠譯.-- 初版.-- 臺北市：商周
出版：家庭傳媒城邦分公司發行, 2019.07
　面；　公分
譯自：Emotionale Gewalt : was uns wirklich weh
　　tut@@Kränkung, Demütigung, Liebesentzug
　　und wie wir uns dagegen schützen
ISBN 978-986-477-684-9（平裝）

1. 暴力　2. 心理衛生　3. 情緒管理

541.627　　　　　　　　　　　　108009586